World as a Perspective

世界作為一種視野

John Gray
約翰・葛雷

陳信宏——譯

貓哲學

———貓與生命意義

Feline Philosophy

Cats and the Meaning of Life

目次

1 貓與哲學

有個哲學家一度向我保證他說服了自己養的貓改吃素。我認定他在說笑，於是問他是怎麼辦到的。他是拿老鼠口味的素食點心給貓吃嗎？還是介紹他的貓認識其他已經吃素的貓，作為牠的模範？或是他和自己的貓經過一番辯論，終於說服對方吃肉是錯的？我的談話對象一點都不覺得我這些話哪裡好笑，這時我才意識到他是真心認為自己的貓選擇了無肉的飲食。於是我在這段談話的最後提出了一個問題：那隻貓會出門嗎？會，他說。他的回答當下就解開了謎題。明白可見，那隻貓餵飽自己的方式是獵食以及造訪別人家裡。要是那隻貓有把任何屍體叼回家（說來可嘆，這是道德欠缺發展的貓咪很常做的事情），那麼這位道德高尚的哲學家顯然有辦法可以沒注意到。

我們不難想像受到這項道德教育實驗的那隻貓會怎麼看待自己的人類老師。牠一開始想必對那位哲學家的行為困惑不已，不久之後就懶得再理會他。貓是極致的實在主義者，牠們很少會做任何事情，除非那件事具有明確的目的或者能夠帶來立即的享受。一旦面對人類的愚蠢行為，牠們只會單純走開。

那位相信自己說服了貓奉行無肉飲食的哲學家，只是證明了哲學家可以有多麼傻而已。與其教導自己的貓，比較明智的做法應該是向貓學習。人類沒辦法變成貓，但他們只要把自己身為高等動物的優越感擺在一旁，也許就可以理解貓為何能夠活得逍遙自在，而不必焦慮詢問該怎麼活。

貓不需要哲學。牠們遵循自己的天性，以這種天性所賦予牠們的生活為足。另一方面，對自己的天性不滿則似乎是人類的天性。人類這種動物總是不斷奮力想要成為自己不是的東西，結果自然充滿了可想而知的悲劇和滑稽性。貓不做這種努力。人的生命有一大半都投注於追求幸福，但對於貓而言，只要牠們的健康安全所遭到的實質威脅消除了，幸福就是牠們的預設狀態。這也許就是我們許多人喜愛貓的主要原因。牠們天生擁有的福氣，是人類經常達不到的程度。

哲學的來源是焦慮，而貓除非是遭到威脅或者身處於陌生的地方，否則牠們不會身陷於焦慮當中。對於人類而言，世界本身就是一個充滿威脅而且又陌生的地方。宗教是一種嘗試，希望把沒有人性的宇宙變得適合人類居住。哲學家經常鄙夷這些信仰，認為遠遠不及他們的形上思索，但宗教與哲學其實都是為了因應相同的需求。[1]這兩者都試圖抵擋身而為人所無可擺脫的那種恆久不安。

頭腦簡單的人會說，貓之所以沒有哲學，原因是牠們缺乏抽象思維的能力。但我們可以想像出一個貓科物種，一方面擁有這種能力，同時又保有牠們生活在這個世界上的從容自在。這些貓要是追逐哲學，必定是把哲學視為奇幻小說的一個分支。與其把哲學視為焦慮的解藥，這些貓科哲學家將會把哲學當成一種玩耍。

對於貓而言，缺乏抽象思維能力並不代表牠們比較低等，而是標誌了牠們的思想自由。採取通則式的思考，很容易就會落入對於語言的迷信。哲學史有一大半皆是對於語言幻想的崇拜。貓只信任自己能夠觸碰、嗅聞以及看見的東西，不會受到詞語所宰制。

哲學見證了人類心智的脆弱。人類之所以從事哲學思考，就和他們祈禱的理由一樣。他們知道他們在自己人生中打造的意義相當脆弱，因此總是活在擔心這種意義崩解的恐懼中。死亡是意義的終極崩解，因為人類不論對自己述說了什麼故事，都不免隨著死亡而終結。於是，他們想像自己死後能夠離開肉體而繼續存活在一個位於時間之外的世界，因此人類的故事即可在那個俗世之外的領域裡延續下去。

哲學在其歷史上的大部分時間裡，都致力於找尋能夠反證死亡的真理。柏拉圖的理型論認為有不變的理型存在於一個永恆的領域當中，這項理論即是一種神祕式的願景，認為人類價值觀不受死亡影響。貓從來不思考死亡，但是到了生命尾聲的時候，卻又似乎相當清楚自己的生命即將結束，所以牠們完全不需要這些想像。就算牠們懂得哲學是什麼，哲學也沒有任何東西可以教牠們。

有幾個哲學家體認到我們可以從貓身上學到一些東西。十九世紀的德國哲學家叔本華（Arthur Schopenhauer, 1788-1860）以熱愛貴賓狗聞名，在晚年連續養了幾隻，而且全都取了同樣的名字：阿特瑪（Atma）與巴茨（Butz）。他也養過至少一隻貓。他在一八六〇年因為心臟衰竭死亡，被人發現陳屍於家裡的沙發上，身邊有一隻不知名的貓。

叔本華利用自己的寵物佐證他認為自我乃是一種幻象的理論。人類忍不住把貓視為和他們自己一樣，是各自分離的個體，但他認為這是錯的，因為人與貓都是柏拉圖理型的實例，都是一個原型反覆出現在許多不同的個別例子裡。這些看似分別的個體，短暫體現了某種更加基本的東西，也就是潛在的生存意志。叔本華聲稱生存意志是唯一真實存在的東西。

他在《作為意志和表象的世界》（*The World as Will and Representation*）這部著作裡這麼闡述自己的理論：

我非常明白，我要是向任何一個人認真宣稱現在正在庭院裡玩耍的那隻貓，和三百年前在同一個地點做出相同的跳躍與玩鬧行為的貓是同一隻，對方一定會覺得我瘋了；但我也知道，認為今天這隻貓和三百年前的那一隻在根本上徹底是完全不同的個體，才是更加荒謬的事情……因為在某個意義上，每一個個體當然都是一個不同的存在物……但就另一個意義而言卻又不是如此，而這個意義就是唯有物品的永恆型態，唯有理型，才有真實的存在。這點在柏拉圖眼中顯得極為明白可見，而因此成了他的根本思想。[2]

叔本華認為我們見到的貓咪是永恆之貓的短暫投影，這種觀點確實帶有某種魅力。然而，每當我想到我認識的貓，首先浮現在我腦海中的卻不是牠們共有的特徵，而是牠們個別的相異之處。有些貓安祥平和，有些極為活潑；有些小心翼翼，有些大膽莽撞；有些溫馴安靜，有些嘮叨又強勢。每隻貓都有各自的品味、習慣與個性。

貓的天性把牠們和其他動物區隔了開來，包括我們在內。貓的天性，以及我們可以從中學到什麼，是本書的主題。不過，只要是曾經和貓一起生活過的人，都絕對不會把牠們視為由單一類型幻化出來而可以相互替換的例子。每一隻貓都有其獨特的自我，而且比許多人更算得上是個體。

儘管如此，叔本華對於動物的觀點比其他重要哲學家人性化得多。根據部分記載，笛卡兒（1596-1650）曾經把一隻貓拋出窗外，藉此證明非人類的動物不具備意識覺察。他斷定那隻貓發出的驚恐尖叫是機械式的反應。笛卡兒也曾對狗從事實驗，在有人演奏小提琴的同時鞭打一條狗，看看那條狗後來會不會一聽到小提琴的聲音就害怕。結果牠確實會。

笛卡兒創造了「我思故我在」這句話，意思是說人類基本上就是心智，只是偶然成為實質生物體而已。他沒有想到要對於否認動物擁有靈魂的基督教義提出質疑，而是在他的理性主義哲學當中重申這樣的看法。笛卡兒認為自己的實驗證明了非人類的動物是無知覺的機器，但那些實驗顯示的其實是人類可以比其他任何動物都還要缺乏思慮。

意識覺察有可能在許多生物當中冒出。如果說自然汰擇的其中一道發展帶來了人類，那麼章魚就是另一道發展帶來的結果。這兩種發展都沒有任何先天注定之處。演化不是朝著愈來愈具自覺性的生命型態邁進。意識只是偶然的產物，出現並且消失於擁有這種特質的生物當中。[3]二十一世紀的超人類主義者認為演化會邁向完全自覺的宇宙心智。這種觀點的先例可見於十九世紀的神智學、神祕學與精神論當中。[4]這些主張都完全不是奠基在達爾文的理論上。人類的自我覺察可能是偶一出現的僥倖結果。[5]

這項結論看來也許頗為悲觀，但是自我覺察為什麼應該是最重要的價值呢？意識太受高估了。一個充滿光與影的世界，不時產生出具有局部自覺能力的生物，比起一個總是受到自我省思毫不動搖的光輝所照耀的世界有趣得多，也更值得生活在其中。

意識一旦朝內轉向自我，就會對美好人生造成阻礙。自我意識分割了人類心智，持續想將痛苦的經驗塞進一個與自我覺察隔絕的部位。受到壓抑的痛苦，於是在探究人生意義的問題當中化膿潰爛。相較之下，貓的心智則是不受分割的整體。痛苦在承受過後即受到忘懷，生命的喜悅隨之回歸。貓不需要檢視自己的生活，因為牠們並不懷疑生命是否值得一活。人類的自我意識造就了恆久的不安，哲學努力想要化解卻又總是徒勞無功。

一位愛貓的反哲學家：蒙田

對於貓，還有哲學的限制，蒙田（Michel de Montaigne, 1533-1592）展現了更深入的理解。他寫道：「我和我的貓咪玩耍的時候，我怎麼知道其實不是我藉著牠打發時間，而是牠藉著我打發時間？」[6]

蒙田經常被稱為現代人文主義的開創者之一：這種思潮的目標在於捨棄一切有關神的觀念。實際上，他對人類的懷疑絲毫不下於他對神的懷疑。「人是最悲慘也最脆弱的生物，」他寫道：「同時又最是滿懷驕傲。」他綜觀過往的哲學理論，發現沒有一項能夠取代動物先天就擁有的生活知識。「牠們也許會認為我們是粗蠻的野獸，就和我們這麼看待牠們的理由一樣。」[7]其他動物優於人類的地方，就是對於該怎麼生活懷有先天的理解。蒙田在這方面偏離了基督教的信仰以及西方哲學的主要傳統。

在蒙田的時代，身為懷疑論者是一件風險很高的事情。如同其他歐洲國家，法國也飽受宗教戰爭所苦。蒙田跟隨父親的腳步當上波爾多的市長之後，就被捲入這場戰爭，他於一五七〇年從塵世隱退、專注從事自己的研究之後，也還是持續在爭鬥不休的天主教徒與新教徒之間扮演調解人。蒙田的家族世系包括馬拉諾人（Marrano）：也就是伊比利半島的猶太人，因為遭受宗教裁判所的迫害而不得不轉信基督教。所以，蒙田撰文支持教會，可能是為了保護自己不受馬拉諾人所遭受的壓迫。另一方面，他也屬於一派因為懷疑理性而對信仰抱持開放態度的思想家。

古希臘的懷疑論在十五世紀於歐洲受到重新發現。蒙田受到其中最激進的分支庇羅主義（Pyrrhonism）所影響，這種思想的名稱是出自埃里的庇羅（Pyrrho of Elis, *c.*360-*c.*270 BC），他跟著亞歷山大大帝的軍隊前往印度，據說在那裡曾跟隨天衣派信徒（「裸體智者」）或瑜伽修行者學習。庇羅可能就是從那些智者身上習得了哲學的目標在於「ataraxia」（寧靜無擾）：這個詞語由他最早使用，代表一種平靜的狀態。抱持懷疑論的哲學家同時擱置了信與不信，即可不受內在不安所苦。

蒙田從庇羅主義當中學到很多東西。他在晚年隱居的高塔當中，於橫梁上妝點了許多名言，都是取自醫師暨哲學家恩披里柯（Sextus Empiricus, AD *c.*160-*c.*210）這位庇羅追隨者。恩披里柯在《庇羅主義綱要》（*Outlines of Pyrrhonism*）概述了懷疑論的觀點：

> 我們主張懷疑論的因果原則是獲得平靜的希望。富有天分的人，對於事物當中的異常狀況深感煩惱，也對自己該贊同哪些異常狀況感到困惑不解，於是著手調查事物中的哪些狀況為真，哪些為偽，以為只要確認了這些問題，他們即可獲得平靜。8

但蒙田質疑哲學思想是否有可能讓人類心智擺脫不安，就算是庇羅主義式的哲學思想也不例外。在他的許多散文當中（「essay」〔散文〕一詞乃蒙田所創，源自法文的「essais」，意為「試驗」或「嘗試」），他都使用庇羅主義支持信仰。

根據庇羅的說法，沒有任何事物可以為人所知。如同蒙田所言：「人類遭受一項疫病所苦，亦即他們認定自己知道些什麼。」[9]庇羅教導弟子要仰賴自然而活，而不是依賴任何論述或者原則過活。不過，既然理性無能為力，那麼何不接受宗教的奧祕？

古歐洲世界的三個主要哲學學派：斯多噶主義、伊比鳩魯主義以及懷疑論，都以追求平靜狀態為目標。哲學是一種鎮靜劑，只要定期服用，即可造成平靜的結果。哲學思考的目的就是平和。蒙田沒有這樣的盼望：「所有學派的哲學家都普遍認同一點：至善就是身心的平和。但是，我們要去哪裡找尋這種狀態？……我們受到分配的，乃是攪擾不停的風與煙。」[10]

蒙田的懷疑態度比起最激進的庇羅主義者都還要強烈，他不認為有任何哲學思考能夠平撫人的不安。哲學的用處主要在於助人擺脫哲學。如同維根斯坦（Ludwig Wittgenstein, 1889-1951），他也體認到日常語言充斥著過往形上學體系的殘跡。[11]揭露這些痕跡，並且認知到其所描述的真實其實是虛構的結果，我們的思考就能夠比較有彈性。這種針對哲學的順勢療法（或許可以稱之為反哲學）只要些許劑量，也許就可讓我們更接近於其他動物。這麼一來，我們也許就可向那些被哲學家貶抑為不如我們的生物身上學到一些東西。

這種反哲學不會始於論述，而是始於故事。

梅奧的旅程

那隻貓以一道剪影的姿態走進房間，在射入門口的強光下形成一個小小的黑影，外面則有一場戰爭正在如火如荼進行。這裡是越南的順化市，時間是一九六八年二月，就在新春攻勢展開之際。新春攻勢是北越對美軍及其南越盟友所發動的戰役，在五年後促成了美軍撤離越南。在《來自順化的貓》（*The Cat from Hué*）這部針對戰爭的人類經驗所寫的傑出記述當中，CBS電視網記者約翰．勞倫斯（John Laurence；又名傑克）這麼描述這座城市：

順化是最猛烈的戰事所在地。這時候的戰事是一場都市鬥毆，雙方皆是以青少年為主的武裝部落，同樣都是新來乍到這個區域，一心要攻下這裡，因此形成一場行動迅速而且殺戮毫不留情的街頭搏鬥。雙方的交戰毫無規則，剝奪性命也毫不遲疑：生命就這麼遭到掐熄，消失無蹤，一瞬即滅……最後，比較凶猛強大的那一幫人驅走了對方，而把剩下的殘垣斷壁據為己有。戰敗者帶著傷亡同袍撤退，保住性命以便改日再戰；戰勝者則是取得這片廢墟。

這就是順化的情形。12

那個黑影移入房間之後，可以看出是一隻小貓，約有八週大，身形瘦小，只有勞倫斯的手掌那麼大。這隻貓又瘦又髒，身上的毛油膩而蓬亂，只見牠抬頭嗅了嗅，察覺到食物的味道，來自這名美國記者正在吃的軍用罐頭。這名記者試著以越語對這隻小貓說話，結果牠回瞪的眼神彷彿這個人發瘋似的。他把一些食物遞給小貓，但那隻貓雖然小心翼翼地走近，卻絲毫沒碰那些食物。這名美國人留下一些食物之後離開，接著在第二天又回到這裡。那隻小貓出現在門口，掃視室內一眼之後走向他，嗅了嗅他伸出的手。他唯一剩下的食物是一個標示「牛肉片」的罐頭，這時他已經打開罐頭，用手指拿著遞給小貓。小貓吃得狼吞虎嚥，嚼也沒嚼就把那些煮熟的肉片吞進肚裡。接著，這個美國人把一條毛巾浸入水壺裡的水，然後抓著小貓的肩膀把牠提了起來，挖出牠耳朵裡的沙土和跳蚤，洗掉牠嘴裡的髒汙，並且把牠的下巴和鬍鬚擦乾淨。小貓沒有抗拒，在清潔完畢之後舔了前腿上的毛，又洗了自己的臉。完成以後，牠走近這個美國人身前，舔了他的手背。

一輛吉普車抵達，於是傑克意識到自己即將回家。他把那隻小貓放進口袋裡，相互陪伴著搭乘直升機離開順化前往峴港。後來命名為梅奧（Mèo）的這隻小貓，就住在峴港的媒體園區，每天有四到五頓的豐盛餐點可以吃。在飛行途中，梅奧抓破傑克的夾克差點逃了出來，接著還探索了駕駛艙，並且爬上飛行員的安全帶。他們後來又前往西貢，這次梅奧被裝在一個紙箱裡，其中還有牠的毯子和玩具。但這麼一來，牠就無法在飛機上到處探索，也因此一路嚎叫不停。他們一起住進一家旅館，梅奧在奮力抗拒的情況下被洗了個澡。牠看似黑色的毛原來是身不由己的偽裝，經過水沖之後才發現牠是一隻紅點暹羅貓，有著一雙明亮的藍眼睛。

在旅館裡，梅奧雖然每天固定可以吃四頓廚房剩餘的魚頭和米飯，卻還是會跑到其他房間去找尋更多可以吃的東西。牠會跳上旅館房間的窗臺，一躺就是幾個小時，隨時保持警覺，但全身幾乎一動不動，目光追蹤著人的動作，還有底下的燈光與車輛。捲入這場戰爭的這名美國記者學到的忍受現狀的方法，是吸毒以及與人一起喝酒喝到不省人事，接著卻又不免遭到惡夢驚醒。他們偶爾會返鄉休假，但那場戰爭還是盤繞在心頭上，令他們睡不著覺。至於梅奧，則「似乎比我們這些外來的人都更明白當下發生的事情……牠也就因此得以享有自由，即便在受到圈養的情況下也是如此。梅奧坐在敞開的窗邊……籠罩在瀰漫的香菸煙霧裡，兩眼就像南中國海一樣深邃湛藍，彷彿能夠穿透人心」。[13]

牠睡在牠為自己製作的一個掩體當中，也就是花了一個星期的時間在一個硬紙箱上咬出一個剛好夠牠鑽進鑽出的小洞。牠在旅館周圍的十幾隻野貓當中成了老大，那些野貓都學會要避開牠。此外，牠也把旅館的花園和房間當成狩獵場，在其中獵食蜥蜴、鴿子、昆蟲、蛇，甚至可能還有一隻孔雀，因為那隻孔雀神祕消失了。現在，牠的牙齒銳利如刀，成了「體型嬌小的白色捕獵者，是天生的殺手，隨時都可伏擊獵物」。[14]除了會來餵牠的那些越南旅館工作人員以外，牠對其他進入房間的人都滿懷敵意，尤其是美國人。「牠似乎對人類懷有怨恨……孤僻而獨來獨往，除了那些越南人以外對誰都充滿敵意。牠是一頭充滿惡意的野蠻動物，是一隻極度深沉又難以捉摸的貓。」[15]

牠毫不害怕，進入其他房間也從來不會被逮到。傑克開始把牠視為《孫子兵法》的作者孫子的化身。「睿智、大膽、狡猾、凶猛……是那位中國戰士哲學家的越共版本，寄存在一隻貓的身體裡……身為一隻半大不小的貓，牠凶悍、獨立而易怒，同時又英勇而平靜。一個白毛的禪宗戰士……莽撞乃是牠一部分的魅力所在……沿著旅館牆外的壁架行走，攻擊比牠大的動物，以邪惡狡詐的心思設下陷阱，冒起生命危險也毫不在乎，就像那種自以為所向無敵的人一樣……牠從不緊張，也從不浪費精力。牠的動作靈巧又捉摸不定。」[16]

傑克收養梅奧的時候，覺得自己是在生命遭到大規模毀滅的情況下以這項學動肯定生命的價值：

為這隻貓提供食物和居所，我便是在屠殺當中肯定一條生命的價值，不論這條生命有多麼渺小而微不足道。這隻貓沒有意識。當時的我還年輕，並沒有多加思索自己做事情的動機，只是在那個時候覺得這麼做是對的。梅奧和我雖然把彼此視為敵人，卻也以某種奇特的方式互相依賴，就只是單純陪在彼此身旁，從逆境當中獲得某種安全感。每當我造訪戰場之後回到房間，聽到牠在自己的掩體內移動，或者在臥室裡的水龍頭喝水，或是撞倒了桌上的什麼東西，感覺就像是回到家裡，覺得自己歸屬於此，感到安全。牠無緣無故攻擊我的次數變得沒那麼頻繁，也沒那麼凶猛，比較像是一種儀式。共同在順化存活下來的經歷必然在我們之間形成了一種情感上的連繫。照顧牠讓我的生活除了一再報導悲慘的消息之外，還得以擁有另一個小小的目的。17

傑克在一九六八年五月返鄉，安排了梅奧在後續一架班機的貨艙裡跟著他回去。梅奧要是留在西貢，很有可能會和其他無數的動物一樣在戰爭中傷亡：就像那些為數不知多少的狗、猴子、水牛、大象、老虎以及其他的貓一樣，喪命於衝突之中。越共要是再發動一場攻勢，食物將會出現短缺，於是梅奧很有可能會淪為盤中飧。為了取得動物旅行所需的證書，傑克帶牠到西貢動物園打針。動物園裡一片空蕩，因為園中有部分動物在上一次的攻勢當中餓死了，而且現在也極少再有遊客前來。幾天後，梅奧就在不停尖叫狂抓的情況下踏上了三十六個小時的旅程前往紐約。傑克去接牠而在車上把牠放出來之後，牠就跳上儀表板，爬上傑克的肩膀，到處嗅聞並且觀察經過的車輛。抵達傑克母親位於康乃狄克州的家以後，牠吃了一罐美國鮪魚罐頭。

梅奧在新家安頓得很好，嚇走了其他的貓、四處獵食，而且攻擊不熟悉的成人，同時又安全無害地和附近的小孩玩在一起。這個家也為了適應梅奧而做出調整。牠非常害怕吸塵器的聲音，也許是因為那種聲音令牠回想起坦克或飛機，所以他們不會在牠身邊使用吸塵器。管家因為遭到梅奧撲擊而辭職。有一次，梅奧不知跑去哪裡，結果傑克的母親找尋了好幾天，最後才在車庫的一個箱子裡發現牠。原來牠遭遇嚴重車禍，卻不曉得怎麼設法躲進了車庫。

獸醫覺得不樂觀。梅奧的肩骨被撞碎了，必須到獸醫院接受昂貴的手術。不過，牠住院六個星期以後，又回到傑克母親的家。對自己最喜歡的地方統統檢視一遍之後，牠就又恢復了過往的生活：爬樹、在陽光下睡覺、四處獵食。牠持續復原，後來卻因為感染肺炎而導致猛烈打噴嚏並且喪失胃口，結果又去住院住了三個星期。有人夾帶禁忌食物給牠吃，獸醫院的人員也對牠疼愛有加。這一次，牠終於完全康復，但是牠的餘生卻從此帶了個打噴嚏的習慣。

恢復健康之後，梅奧離開了康乃狄克州，到曼哈頓和傑克還有他的伴侶茱伊一起住在一間單房公寓，位在一棟老舊的褐色砂岩建築裡。傑克在一九七〇年返回越南一個月，梅奧似乎相當想念他。不過，他回來之後，梅奧卻完全沒有理會他。牠仔細嗅聞了傑克的行李，彷彿因此喚起了什麼回憶。傑克送牠一個在西貢買的玩具，但牠不予理會，轉頭回到自己的掩體內，一整個下午都待在那裡。不過，茱伊後來對傑克說，梅奧在晚上爬上床，坐在傑克的頭邊，盯著他沉睡的臉看了好幾個小時。

回到美國之後，傑克只要回憶起自己身在越南的時光，內心就又是激動又是恐懼。他用毒品和酒精來麻痺自己的痛苦。到了一九七〇年代初始，紐約的治安愈來愈差、愈來愈危險，他不時覺得自己彷彿又回到了作戰區。後來倫敦有一項職務出缺，他就前去應徵。梅奧跟著傑克和茱伊前往倫敦，兩人在那裡生了兩個女兒。梅奧被迫隔離檢疫六個月，雖然傑克和茱伊經常去探望牠，但牠卻對這項痛苦經歷一直無法忘懷也無法原諒。後來牠解除隔離再次和他們同住之後，又變得比以前更野，在他們的倫敦公寓裡面到處撕咬。牠睡覺的時候偶爾會出現身體僵硬而且顫抖的情形，「彷彿……在和鬼魂角力」。[18]

經過一段時間之後，梅奧開始安頓下來，和傑克、茱伊還有他們的兩個小朋友過起舒適而安全的生活。傑克的其中一個女兒潔希卡會在三餐之間拿點心給梅奧吃，於是梅奧晚上都會跟她一起睡。到了這個時候，已經把傑克當成老朋友的梅奧會在深夜舔掉他手指上殘留的威士忌，然後就跑去睡覺。梅奧活到一九八三年，因為第二度感染肺炎而一病不起。傑克認為牠應該比較喜歡溫暖的氣候，所以是英國的天氣害死了牠。

他回憶起梅奧的行為：

牠在夜裡會獨自遊蕩在公寓的另一端，發出一種不像牠的叫聲，也不像我聽過的其他動物叫聲。那種叫聲似乎是一隻動物被帶離野外，或是被帶離牠的家，或是被帶離牠的家人而發出的叫聲。聽起來比較像是哀號，是一道拉長的狂嗥，不是尖叫或喵喵叫或是尋常的貓咪叫聲，而是從牠靈魂最深處發出的呼聲，是森林的號哭。梅奧會這麼叫，都是在家裡一片寂靜，通常是大家都已經睡著，牠認為周遭完全無人的情況下。那樣的叫聲不是為了任何人，而是為了牠自己。[19]

就在梅奧勇敢無畏地經歷牠在這個世界上的旅程之際，人類也持續踏出其漫無目標的步伐。梅奧離開越南之後不久，順化這座美麗的古城就被夷為平地，有個不知名的美國少校對一名記者說：「為了拯救這座城鎮，我們不得不摧毀它。」在後來稱為「順化大屠殺」的事件裡，北越軍隊殺害了順化數以千計的居民（確切人數不詳）。美軍使用橙劑這種落葉劑，不但摧毀了森林，導致無數動物無家可歸，也在人類身上造成遺傳缺陷。超過五萬八千名美國士兵死於這場衝突當中，越南平民則有二百萬人左右喪生。除此之外，受傷、致殘以及遭受心理創傷者更是不計其數。

在歷史的煙與風裡，梅奧過著凶猛而歡悅的生活。牠因為人類的瘋狂而被迫離開自己的家鄉，但是不論到哪裡都活得有聲有色。

傑克寫道：

我認為我們後來開始尊重起彼此身為生存者的技能。牠為數有限的幾條性命無疑早在很久以前就用光了，所以牠現在每活一天都是多賺的。此外，牠看起來很有智慧。牠知道。我們成了朋友。我們這段結合了憤怒與柔情的長久關係，在某些方面象徵了我們這兩個國家的連結，身上潑滿彼此的鮮血，交纏在一個由生命、苦難與死亡構成而無可擺脫的擁抱當中。[20]

貓怎麼馴服人類

貓從來不曾受到人類馴服。學名叫作 *Felis silvestris* 的這種身材嬌小結實的虎斑貓，因為學會與人類一同生活而散布於全世界。今天的家貓就是由這個物種的一個分支衍生而來，學名為 *Felis silvestris lybica*。一萬兩千年前左右，這種貓在涵蓋了當今的土耳其、伊拉克與以色列的近東地區開始與人類共同生活。這些貓入侵這些區域的村莊，把人類朝向定居式生活的發展轉為對牠們自己有利。牠們獵食齧齒動物以及受到人類貯存的種子與穀物所吸引的其他動物，並且在人類宰殺動物食用完畢之後撿食受到丟棄的餘肉，因而把人類聚落轉變成可靠的食物來源。

近代的證據指出，中國在五千年前左右也獨立出現了類似的發展進程，當時

*Felis silvestris*的一個中亞變種採取了類似的策略。在近距離接觸人類之後，貓也很快就被人類視為一種有用的動物。在農場與船隻上利用貓驅除害蟲成為常見的做法。不論是負責捕鼠，還是被人偷渡出海或者無意間成為乘客，總之貓藉著船隻散播到了牠們先前不曾居住過的地區。在當今的許多國家，貓都是與人類同住在家戶裡為數最多的動物，勝過狗以及其他各種動物物種。[21]

貓不但啟動了這樣的馴化過程，而且是依照牠們自己的條件。不同於其他在早期人類聚落裡覓食的動物物種，貓開始這麼做之後就持續生活在人類周遭，卻又沒有大幅改變自己的野生天性。家貓的基因組和其野生親屬只有一小部分的差異。牠們的腿稍微短了一點，毛的顏色也比較多。儘管如此，就像艾比蓋爾·塔克（Abigail Tucker）指出的：「在與人共同生活的這段期間，貓的生理外貌變化極少，因此即便到了今天，專家也經常無法分辨馴養家貓與野貓。這點大幅提高了貓咪馴化研究的難度。我們幾乎不可能藉著檢視古老的化石而確切指出貓進入人類生活的時間，因為轉變為化石的那些貓即便到了現代也還是幾乎沒有改變。」[22]

除非是養在室內，否則家貓的行為也和野貓沒有太大不同。貓雖然可能把不只一間房屋視為家，但房屋卻是貓進食、睡覺以及生育的基地。貓有明確的領域範圍，公貓的範圍比母貓大，而且牠們在必要的時候會阻止其他貓進入自己的領域。相較於野貓，家貓的大腦有所縮小，但家貓的智力或者適應力並沒有因此降低。由於縮小的部分包含了負責戰或逃反應的大腦區域，因此家貓也就能夠容忍可能會令野貓感到緊張不安的狀況，例如遇見人類以及陌生的貓。

貓獲得人類接納的一個原因，就是牠們在減少囓齒動物方面相當有用。貓吃囓齒動物，而且在好幾千年前就已經會捕食跑到人類糧倉裡偷吃穀物的老鼠。然而，在許多環境裡，貓與囓齒動物並不是先天的敵人。牠們如果出現互動，經常都會共享相同的資源，例如家庭垃圾。把貓當成控制害蟲的手段並不是很有效率的做法。家鼠可能與家貓共同演化，而學會與牠們共存。有些照片顯示貓與老鼠雖然緊鄰彼此，前者卻對後者絲毫不感興趣。[23]

人類為什麼接納貓進入他們的家裡，還有一個更根本的原因，就是貓教導了人類愛上牠們。這才是貓咪馴化的真實基礎。貓極為迷人，因此經常被視為來自這個世界以外。人類需要不屬於人類世界的東西，否則他們會發瘋。泛靈論這種最古老也最普及的宗教滿足了這項需求，把非人類的動物視為在靈性上與我們相等，甚至比我們優越。我們的祖先藉著崇拜其他這些生物，而得以和自己以外的生命互動。

貓自從馴化了人類以來，就不必再仰賴狩獵以取得食物。然而，貓仍然保有獵食的天性，一旦無法向人類取得食物，牠們就隨即回歸狩獵的生活。如同伊莉莎白・湯瑪士（Elizabeth Marshall Thomas）在《虎族：貓及其文化》（*The Tribe of Tiger: Cats and Their Culture*）當中所寫的：「貓的故事就是肉的故事。」[24]不論大小的貓都是超級肉食者：在野外，牠們只吃肉。這就是為什麼大貓在目前會如此瀕危的原因。

人類數目的增長，表示人類聚落隨之擴張，空曠空間也跟著縮減。貓是具有高度適應性的動物，不論在叢林、沙漠、高山還是空曠的稀樹草原都能夠繁衍茁壯。牠們在演化方面極度成功，同時卻也極度脆弱。牠們一旦喪失棲地與食物來源，就被迫必須與人類衝突，但在這樣的衝突當中又注定落敗。

獵捕以及殺害食物是貓的本能。小貓玩耍的時候，玩的就是狩獵遊戲。貓需要吃肉才能活。牠們只能消化存在於其他動物肉裡的必需脂肪酸。鎮日思考道德的哲學家所過的那種不吃肉的生活，會要了貓的命。

貓的狩獵方式可讓我們對牠們獲得相當程度的瞭解。除了獅子是集體狩獵之外，貓都是獨自獵食，跟蹤並伏擊獵物，而且經常是在夜裡。身為埋伏性的掠食者，貓演化得特別敏捷，追逐比自己小的獵物之時會跳躍撲擊。狼是狗的演化祖先，牠們會組成由支配與順從的關係建構而成的群體，共同獵捕比自己大的獵物。公狼與母狼有可能結成終生的伴侶，並且共同照顧下一代。狼的這些行為特徵都不存在於貓身上。貓的彼此相處方式，也依循牠們身為單獨狩獵者的天性。

貓並非總是獨來獨往。怎麼可能呢？牠們會為了交配而相聚，牠們誕生在家庭裡，而且只要是在有可靠食物來源的地方，牠們也有可能會形成群體。如果有幾隻貓一起生活在同一個空間裡，可能會有其中一隻居於支配地位。貓也可能為了地盤與配偶而凶猛競爭。不過，不同於人類及其演化近親，牠們沒有固定的階級制度形塑其互動。貓不像黑猩猩或大猩猩，不會產生地位最高的個體或是領袖。在必要的情況下，牠們會合作以便滿足自己的需求，但是不會融入任何一個社會群體。貓沒有集體生活行動的群體。

貓不承認領袖的習性，可能是牠們不順從人類的一個原因。牠們不服從也不尊崇人類，儘管牠們現在有為數極多都與人類一同生活。牠們雖然依賴我們，卻仍然保持獨立。牠們如果表現出對我們的喜愛，絕不只是為了換取好處。牠們如果不喜歡我們，就會直接離開。牠們如果留下來，純粹是因為牠們想要和我們在一起。這也是我們許多人鍾愛貓的原因。

不是每個人都愛貓。近來牠們遭到妖魔化，被斥為「環境汙染物……就像滴滴涕（DDT）」，[25]會散播許多疾病，諸如狂犬病與弓形蟲感染症，還有造成黑死病的病原體。鳥糞對人類健康的威脅更大，但貓最常遭受的一項指控就是牠們殺害了許多的鳥。反對貓的論點指稱牠們破壞了自然的平衡。然而，貓所受到的敵意卻難以用牠們對環境造成的危害加以解釋。

疾病的危險可以由「誘捕、絕育、回放」（TNR）這樣的方案化解。這種做法在美國廣泛施行，也就是把生活在戶外的貓帶去診所接種疫苗以及結紮，然後再釋放牠們。鳥類遭遇的風險則可以藉著鈴鐺以及類似的裝置而減低。更重要的是，把一個非人類物種指為生態多樣性的破壞者實在是令人費解。畢竟，人類這種動物本身正是摧毀生態多樣性的主要禍首。由於貓的狩獵效率極高，確實有可能改變世界上部分地區的生態系統。然而，當前遍及全球的生物大滅絕，卻是人類造成的結果。

對於貓的敵意並沒有任何新鮮之處。在早期現代法國，這種敵意還促成了一個熱門教派。長久以來，貓都一直被連結於魔鬼與玄學。宗教祭典經常在典禮最後把一隻貓放上篝火焚燒，或是丟下屋頂。有時候人類也會展現創意，把貓吊在火上活活燒烤。巴黎曾經有一種習俗，把活生生的貓塞進籃子、桶子或袋子裡，然後高高掛在一根杆子上焚燒。有些人會在房子蓋好之後把一隻貓活埋在地板下，認為這樣能夠為住在屋裡的人帶來好運。[26]

一六三八年元旦，在伊利大教堂（Ely Cathedral），一隻貓在一大群喧鬧的群眾面前被活活叉在烤肉叉上烤。幾年後，在英國內戰當中對抗保皇派的議會派部隊，則是在利奇菲爾德大教堂（Lichfield Cathedral）使用獵犬捕貓。在查理二世統治期間的焚燒教宗遊行隊伍當中，教宗人像裡面塞了許多活貓，好讓牠們的尖叫聲為焚燒行為增添戲劇效果。鄉下市集裡有一種熱門運動，就是射擊吊在籃子裡的貓。[27]

在某些法國城市裡，捕貓人會為了吸引目光而在貓身上點火，然後在街道上追逐這些著火奔逃的貓。另外還有一種娛樂活動，則是把貓傳來傳去，剝下其毛皮。在德意志，貓在類似的慶典當中遭到凌虐而發出的嚎叫，被人稱為「Katzenmusik」（貓音樂）。許多嘉年華會都會在最後舉行一場諧仿審判，把貓打得半死之後再施以絞刑，這種景象總是能夠引來眾人的瘋狂大笑。貓經常因為代表禁忌的性慾而遭到分屍或者殺害。自從聖保羅以來，基督徒就把性視為一種造成混亂的力量，甚至是惡魔般的力量。貓不受人的道德束縛，在中世紀人的心目中可能象徵了女性以及其他人對於宗教的性禁令所從事的反抗。在這種有神論的背景下，貓被視為邪惡的化身也就幾乎是無可避免的事情。在歐洲的大部分地區，貓都被視為巫術的使者，因此經常連同巫婆或是代替巫婆而遭到凌虐以及焚燒。[28]

凌虐貓的行為並沒有隨著獵巫狂熱的結束而消失。十九世紀義大利神經學家曼特加札（Paolo Mantegazza, 1831-1910）是佛羅倫斯高等研究院的教授，創立了義大利人類學學會，後來也是義大利參議院的進步派成員。他是一位毫不遮掩的達爾文主義者，認為人類演化出一套種族階級體系，由「亞利安人」居首，「黑種人」墊底。這位傑出的教授設計了一部機器，開開心心地將其命名為「折磨者」。在這部機器上，貓「被壓在一整片的細長釘子下」，只要稍微一動就痛苦不已。然後牠們會遭到剝皮、切割、扭曲以及壓碎骨頭，直到死亡終結牠們的痛苦為止。這種做法的目的在於研究疼痛的生理學。如同笛卡兒拒絕捨棄動物沒有靈魂這種有神論教條，這位聲名顯赫的神經學家也認為凌虐動物的行為是為了追求知識因此十分合理。科學把宗教的殘忍推到了極致。[29]

歸結到底，對於貓的厭惡可能是一種嫉妒的表現。許多人都過著默默承受痛苦的生活。凌虐其他生物是一種紓解，因為這麼做即是把更糟的苦難加諸那些生物身上。凌虐貓尤其令人滿足，因為貓總是那麼自我滿足。對於貓的厭惡，經常是深陷苦難之中的人類把對於自我的厭惡投射在他們知道沒有感到不快樂的動物身上。

貓依循自己的天性而活，人類則是努力壓抑自己的天性。說來矛盾，這正是人類的天性。這也是野蠻狀態的恆久魅力。對於許多人而言，文明乃是一種監禁的狀態。這類人遭到恐懼宰制，在性方面慾求不滿，內心又充滿了自己不敢表達的憤怒，因此忍不住對這種肯定自己而活的動物大感氣憤。凌虐動物可讓他們暫時忘卻自己日復一日身陷其中的那種悽慘處境。中世紀那些對貓加以凌虐焚燒的嘉年華，是沮喪之人的慶典。

貓因為對那些照顧牠們的人看似漫不在乎而遭到批評。我們為牠們提供食物和居所，但牠們卻不把我們當成牠們的擁有者或是主人，僅以牠們的陪伴來回報我們。我們如果尊重牠們，牠們雖然會因此喜歡我們，卻也不會在我們離開的時候想念我們。牠們一旦失去我們的支持，很快就會回復野性。牠們雖然看起來對未來毫不擔憂，卻似乎注定會比我們存活得更久。貓藉著人類用於擴展自身足跡的船隻散播到全球，而且看起來在人類以及他們一切的成就全都消失無蹤之後許久也還是會繼續存在。

2 貓爲什麼不會努力追求幸福

人如果說自己的生命目標是要追求幸福，言下之意就是他們活得很痛苦。他們把幸福視為一種計畫，尋求在未來的某個時間獲得滿足。當下的時刻不斷溜走，於是焦慮悄悄流入。他們深怕自己邁向這個未來狀態的進展會遭到各種事件所打斷。因此他們轉向哲學，在當今則是尋求心理治療，藉此緩解自己的不安。

哲學擺出解方的姿態，實際上卻是它假裝要治療的問題所產生的症狀。其他動物不需要把注意力從自己的處境上轉移開來。幸福快樂在人類身上是一種刻意造成的狀態，對於貓而言卻是牠們的自然狀態。貓除非被關在對牠們而言並不自然的環境裡，否則牠們絕不會感到無聊。無聊代表你害怕獨自一人。貓以獨處為樂，人則是藉著逃離自己以尋求快樂。

貓與人類最大的差異就在這一點。如同精神分析學的創始人佛洛伊德所認識到的，一種難以解釋的悲慘是人類的正常狀態。佛洛伊德從來不曾解釋這種狀況，也不認為精神分析能夠治癒這種狀況。當今有無數的技術都承諾可以讓人擺脫這種情形。這些治療方法也許能夠減少人和別人生活在一起的不自在，卻無法消除身而為人所伴隨的那種躁動不安。這就是為什麼有那麼多人熱愛與貓相處。愛貓人士經常遭到指控把貓擬人化，也就是把人類情感投射到沒有這種情感的其他動物身上。然而，貓咪愛好者之所以愛貓，不是因為他們在貓身上看到自己的影子，而是因為貓和他們極為不同。

貓不像狗那樣變成了半人的動物。貓雖然與我們互動，也可能以牠們自己的方式愛上我們，但牠們在最深的層次上卻與我們毫不相同。牠們進入了人類的世界，讓我們得以把目光投向人類世界以外。我們只要不再受限於自己的思想，即可從牠們身上學到我們對於幸福的焦慮追求為什麼注定失敗。

哲學家對於幸福的討論

哲學極少是開放式的探究。在中世紀時期，哲學為神學服務，在今天則用於闡釋中產階級學者的偏見。至於最早的哲學型態，則是以教導平靜為目標。

在古代的哲學家當中，伊比鳩魯主義者認為約束自己的慾望能夠獲得幸福。我們現在如果使用伊比鳩魯主義者這個詞，指的都是喜愛美食與美酒還有人生其他樂趣的人。不過，原本的伊比鳩魯主義者是禁慾者，目標在於把自己的享樂減到最少。他們的飲食很簡單，只吃麵包、乳酪和橄欖。他們不反對性，但必須是作為醫藥使用，藉以治療挫折，而且不能和我們今天所謂的浪漫之愛這種迷戀混在一起，因為這只會干擾他們內心的平靜。由於相同的原因，他們也鄙夷任何形式的野心或者政治參與。獨自隱退於一座花草茂盛的花園，可以保護他們免於痛苦與焦慮，讓他們得以達成「ataraxia」（寧靜無擾）。

伊比鳩魯和佛陀有些相同之處，他們兩人都保證捨棄慾望可以解脫苦難。不過佛陀比較實際，承認要完全達到這樣的結果，就必須脫離生死的輪迴：換句話說，就是不再身為獨特的個體。開悟的人雖然有可能在這一生體驗到喜樂，但只有不再投胎轉世他們才能夠擺脫苦難。

你如果相信輪迴轉世的神話，那麼這種故事就可能帶有些許吸引力。至於伊比鳩魯的願景，則是更難以讓人認真看待。在伊比鳩魯和他的門徒眼裡，宇宙是一團混亂的原子飄浮在虛空當中。神明也許存在，但祂們對我們根本毫不關心。人類的任務就是要消除自己內在的苦難來源。截至這裡為止，聽起來和佛教頗為相似，但差別是伊比鳩魯承諾能解脫的，只有由錯誤的信念與過度的慾望所帶來的苦難。我們或許能以接納的態度面對死亡，如同伊比鳩魯本身那樣，在臨終之前的病痛期間仍然保持開朗，並且持續教導。然而，對於那些遭受無窮無盡的饑餓與過度勞累或是迫害與貧窮所苦的人，我們就不清楚伊比鳩魯會怎麼說了。

要享受伊比鳩魯式的遺世獨立，必須身處於能夠容許這種奢侈行為的時間與地點，而且還要足夠幸運，有辦法負擔起這樣的生活。從古至今，大多數人都不曾享有這樣的條件，以後也同樣不會有。至於曾經存在過的這類隱居之地，都是僅供少數人棲身，遇到戰爭與革命仍不免遭到摧殘。伊比鳩魯哲學思想有一項更根本的限制，就是它所推薦的生活在靈性方面十分貧乏。這種看待幸福的方式，是一種神經衰弱式的觀點。如同在療養院當中，完全不准有任何噪音，只能保有閒適寧靜的狀態。但如此一來，人生就陷入靜止，大部分的樂趣都隨之消失。

羅馬詩人暨哲學家盧克萊修（Lucretius）在〈物性論〉（On the Nature of Things）這首詩裡呈現了伊比鳩魯的觀點；而西裔美籍哲學家桑塔亞納（George Santayana）

探討盧克萊修之時，就充分捕捉了伊比鳩魯觀點中的那種貧乏：

在盧克萊修的概念當中……確實值得或者可以達成的事物實在是少之又少：一是免於迷信的自由，藉著自然科學獲取這樣的自由，接下來是友誼，還有少數幾項廉價而健康的動物性享樂。沒有愛，沒有愛國精神，沒有雄心壯志，沒有宗教。[1]

伊比鳩魯主義者達成平靜的方法，是削減人生中的美好事物，而最後剩下的少數幾項，不論在任何情境都可讓人樂在其中（那些智者如此認為）。斯多噶主義者則是由不同的路徑邁向同一個目標。他們認為只要能夠控制自己的思維，就能夠接受發生在自己身上的任何事情。宇宙是由邏各斯（Logos；也就是理性）所支配。你如果認為一項事件極為糟糕，那是因為你不明白那起事件是宇宙秩序的一部分。要達到平靜的目標，就必須認同這套秩序。只要能夠做到這一點，那麼在萬物的安排當中扮演自己角色的你就能獲得滿足。

社會上的各個階層，不論是奴隸還是統治者，都有不少人追隨這種斯多噶哲學。這種哲學思想受到使用的方式，可見於羅馬皇帝奧理略（Marcus Aurelius, AD 121-180）的《沉思錄》。這是一部靈性日記，他在其中敦促自己接受他本身在世界裡的位置並且善盡自己的職責，書中充滿了對於人生的厭倦。奧理略督促自己思考：

> 萬物如何轉瞬即逝，包括宇宙當中的個體，以及那些個體在時間當中的記憶；一切感官事物的性質為何，尤其是那些藉著樂趣引誘人、藉著痛苦的威脅恐嚇人，或是受到虛榮心廣為宣揚的事物，是多麼的廉價、可鄙、髒汙、容易腐敗又壽命有限：這些都是心智應當思索的事物。同樣應該思索的，還

> 有哪一類人的判斷和言語能夠為人賦予榮譽和羞辱；以及何謂死亡，而且我們如果單獨檢視死亡，又藉著分別的思維活動剝除一切與死亡連結在一起的意象，就會意識到死亡不過只是自然的傑作。[2]

這樣的態度不是對於人生的肯定，而是對於人生漫不在乎。奧理略在心裡建構了一套理性架構，把自己視為其中不可或缺的一部分，而致力於接受厄運和死亡。這位哲學家皇帝相信只要能夠在自己內心找到一套理性秩序，就可以免除焦慮和絕望。不但宇宙是理性的，而且理性即是合乎正確與善。奧理略希望在這種虛幻的一體當中找到內心的和平。

在奧理略眼中，理性需要刻意消滅意志。由此造成的結果，就是對於耐力與聽天由命的一種喪禮般的頌揚。這位哲學家皇帝夢想自己能夠成為如同靜謐的羅馬陵墓裡一尊靜止不動的雕像。不過，人生把他從這種夢想當中喚醒過來，他只好再次編織一件哲學的裹屍布把自己籠罩起來。

俄國詩人暨散文家布羅茨基（Joseph Brodsky）寫道：

> 在古人眼中，哲學不是人生的副產品，而是恰恰相反……也許我們在此應該暫時捨棄「哲學」一詞，因為斯多噶主義，尤其是其羅馬版本，不該被形容為對於知識的熱愛，而是一種長達終生的耐力實驗……[3]

奧理略以嚴肅的姿態行使自己的皇帝職責（他喜歡認為這是宇宙賦予他的人生角色），而藉著思考自己的悲傷獲取滿足。

斯多噶主義者接受這項事實：就算是最明智的智者，也無法忍受人生中最糟的痛苦。一旦遇到這樣的狀況，自殺就是可以容許的行為。奧理略認為，人如果還有公共責任需要履行，就不該自殺；但也承認個人的處境如果導致自己無法擁有任何形式的理性生活，那麼這個人就可以終結自己的生命。

斯多噶主義哲學家、政治家暨劇作家塞內卡（Seneca）又更進一步，認為只要你對於活著已經受夠了，那麼自殺就可以是合理的選擇。他向一名年輕的門徒提供忠告之時問道：

> 你有沒有任何值得等待的事物？那些耽擱了你，造成你流連不去的樂趣，早已被你享受殆盡。一切樂趣在你眼中都不再新奇，也早就因膩生厭。你已熟知紅酒與甜酒的味道，不管喝下一百杯或一千杯都毫無差別……人生就像戲劇一樣，重點不在於劇情拉得多長，而是在於演得有多麼精采。在什麼地方結束都沒有差別。你想在哪裡結束，就在哪裡結束，只要確保最後一段結尾得漂亮就行。祝你一帆風順。4

塞內卡是自殺而死，卻不是出於自己的選擇。他遭控涉入刺殺皇帝尼祿的陰謀，而遭到尼祿下令自盡。根據羅馬史學家塔西佗（Tacitus）的記載，塞內卡遵從命令，割斷了自己的靜脈，卻因為失血的速度太慢，而另外吞服毒藥。然而毒藥也沒有發揮效果，於是他被士兵按入溫水浴池裡，才終於窒息而死。

作為一種生活方式，「寧靜無擾」其實只是幻想。伊比鳩魯主義者試圖簡化自己的生活，把他們可能會失去的樂趣減到最少。不過，他們無法在歷史的動盪之下保守自己的平靜花園。斯多噶主義的智者堅決認為我們雖然無法控制發生在自己身上的事件，卻能夠控制自己對那些事件的看法。不過，這種做法只在很小的範圍內有效。一場發燒、一隻采采蠅或是一項創傷經驗，都有可能在某個關鍵時刻造成心智的混亂，甚至是永久的混亂。庇羅的門徒試圖透過不進行評斷以達成內在的平衡。不過，懷疑的態度無法消除身為人所帶來的不安。

就算「寧靜無擾」可以達成，也只會是一種無精打采的生活方式。所幸，這種有如死了般的平靜狀態，對人而言在實務上不可能維持太久。

巴斯卡談轉移注意力

這些哲學思想都有一個共同的缺點，就是想像人類理性能夠安排人生：有的認定心智可以構思出一種不怕損失的人生，有的認為心智可以控制情感，從而能夠承受任何損失。實際上，不管是我們的生活方式還是我們感受到的情感，都沒有辦法以這種方式加以控制。形塑我們人生的是偶然，形塑我們情感的是身體。人生大部分的內容，還有哲學大部分的內容，都是試圖把我們的注意力從這項事實轉移開來。

在巴斯卡（Blaise Pascal）這位十七世紀科學家、發明家、數學家暨宗教思想家的著作當中，轉移注意力即是一項中心主題。他寫道：

轉移注意力。由於無法解決死亡、悲慘與無知等問題，人類因此為了得到幸福而決定不去想這些事情。[5]

巴斯卡說明指出：

有時候，我一旦思考人類的各種活動，包括他們在法庭或戰爭中面對的危險與困境，從而引起許許多多的爭吵與激烈情感、大膽而且經常邪惡的行動等等，我總是主張造成人不幸福的唯一原因，就是他們不懂得怎麼靜靜待在自己的房間裡。一個富裕程度足以因應生活需求的人，只要懂得怎麼待在家裡享受自己的財富，絕對不會離開家而登船出海或是去攻打某一座堡壘……然而，經過進一步的思考，尋求我們所有不幸福的特定理由之後……我在我們這種虛弱而且壽命有限的處境所造成的自然不幸福當中發現了一個非常強而有力的理由。我們一旦認真思考這一點，絕對沒有任何事物能夠撫慰我們……

因此，對人唯一有益的做法，就是不要讓他們思考自己是什麼。方法可以是用某種工作占據他們的心思，或是以某種新奇而討人開心的愛好吸引他們，像是賭博、打獵、引人入勝的表演。簡言之，就是所謂的轉移注意力。[6]

人會運用想像力來轉移自己的注意力：

想像力。這是人類最主要的官能，也是錯誤和虛妄的主宰……我指的不是蠢人，而是最明智的人，因為想像力只有在他們身上才最具有說服力。理性雖然可能會提出無謂的抗議，卻無法矯正事物的價值。

這股傲慢的力量會抑制並且支配它的敵人，也就是理性，以便展現自己在每

> 個領域當中所擁有的影響力。此外，這股力量也在人當中建立了第二天性。想像當中有快樂與不快樂的人，有病弱與健康的人，也有富裕和貧窮的人；想像可以讓我們相信、質疑或者否定理性；想像能夠麻痺感官，也能夠激起感官的活躍；想像當中也有蠢人與智者……想像能夠決定一切：可以創造出美、正義與幸福，也就是世界上最高的善。[7]

蒙田也撰文探討過轉移注意力。不過，巴斯卡排斥這種做法，認為這麼做會阻礙救贖，而蒙田則表示歡迎，視之為對苦難的天然解方：

> 我曾經一度遭受哀傷所苦，那股哀傷因為我的個性而極為強烈，而且也極為合理。我要是單純依靠自己的力量，恐怕不免會因此而死。我需要一項分心的事物來轉移注意力，因此我藉著計謀與努力使自己墜入愛河，當然我的青

> 春也發揮了助力。愛為我帶來撫慰，也讓我得以擺脫那段親密的友誼所帶來的疾病。同樣的狀況到處都適用：某個痛苦的念頭盤據在我的心頭，然後我發現與其壓制那個念頭，不如改變心思比較快……我如果對抗不了，就設法逃跑；而所謂的逃跑，就是運用手段轉移注意力；藉著變換地點、工作與同伴，我就得以逃離那個念頭，遁入其他消遣與思索當中，於是那個念頭就追丟了我，再也找不到我。
>
> 這就是自然之道，所以我們才會被賦予變化無常的心思……[8]

蒙田因為摯友拉波埃西（Étienne de La Boétie, 1530-1563）身故而哀傷。他曾為這位法國法官暨政治思想家寫過一篇著名文章，[9]後來藉著遵循「自然之道」才得以克服內心的憂鬱。

關於轉移注意力，人類與貓乃是相反的兩極。由於貓沒有形塑出自己的形象，所以不需要設法忘卻自己有一天會不復存在的事實。因此，牠們不會有時間過得太快或太慢的恐懼。貓如果不是在狩獵或交配、進食或玩耍，就是在睡覺。牠們沒有內心的痛苦迫使牠們從事持續不斷的活動。牠們睡覺的時候也可能會做夢，但我們沒有理由認為牠們會夢到自己身在別的世界裡，而且牠們只要沒有在睡覺，就是全然清醒。牠們也許會在某個時刻知道自己即將死亡，但不會終生懼怕著死亡的來臨。

蒙田與巴斯卡一致認為哲學無法把人類動物的注意力從自身的苦難當中轉移開來。他們兩人對於這種苦難代表什麼意義懷有不同的看法。蒙田認為其他動物在某些面向優於人類，巴斯卡則認為人類苦難象徵著人類優於其他所有動物：「人類的偉大在於自知悲慘：一棵樹不會自知悲慘。因此，自知悲慘的確是一件悲慘的事情，但自知悲慘也是偉大的……這是屬於偉大君主的悲慘，是遭到推翻的國王的悲慘。」[10]蒙田向自然求助，巴斯卡則是向上帝求助。

巴斯卡在短暫的人生中，達成了驚人的智識功業。他在一六六二年以三十九歲之齡辭世之前，打造出了最早的一些計算機器（後來二十世紀的一種程式語言因此以他為名），並且帶給機率論重大進展。他還利用馬拉式公車設計了第一套都市大眾運輸系統，在巴黎營運了一段時間，而且也設計了一種早期版本的賭博輪盤。他受到公認為現代科學的創始人之一的確是實至名歸，但他最主要的關注卻是宗教。

他在一六五四年十一月二十三日獲得神祕的異象，直接體驗到他在此之前一直接觸不到的上帝，這也就成為他人生中的關鍵事件。他把這項經驗記錄在一張廢紙上，接著又轉錄於一張羊皮紙，終生帶在身邊。這張羊皮紙在他死後被人發現縫在他的衣服裡，內容收錄在《思想錄》（*Pensées*）當中。[11]

巴斯卡的最後幾年過得相當痛苦。他受到楊森主義（Jansenism）吸引，但這個天主教支派卻遭到教宗譴責。一生多病的他，在最後病重之時，不但遭到無能的醫生施予許多毫無用處又痛苦的治療，而且直到瀕死之際才得以享有臨終聖事的慰藉。經過漫長的折磨之後，他在一六六二年八月十九日去世，最後的遺言是：「但願上帝永遠不會拋棄我。」

巴斯卡在《思想錄》裡投注許多篇幅駁斥蒙田的懷疑論。他的目標在於證明人類深受其苦的那種長期焦慮其實代表了人類不屬於自然界。人類仰慕其他動物是錯誤的行為：「如果只是向人清楚解說他們與動物有多麼相似，卻沒有指出他們的偉大之處，是一件危險的事情。但是太強調人的偉大而沒有談及他們的卑劣之處，也一樣危險。」[12]最糟的是人把動物當成神明崇敬。「人竟然卑劣得願意向野獸行禮，甚至敬拜牠們。」[13]

在巴斯卡眼中，人的不安指向俗世之外。在蒙田眼中，人的不安來自於人類動物的缺陷。我在這一點上認同蒙田的看法。人是自我分裂的生物，一生中大部分的時間都投注於逃避性的替代活動。他們和其動物近親同樣擁有的哀傷，因為心思總是不斷轉回自己身上而更為強烈。人類動物的特殊悲慘，就是產生自這種反身性的自我意識。

如同蒙田，巴斯卡也對理性能夠補救人類境況的想法嗤之以鼻。不過，他確實認為理性可以在引導人類邁向信仰的過程中扮演一定的角色。巴斯卡著名的賭注，就提供了我們為什麼應該認定上帝存在的理由。我們難免會下這個賭注：一旦賭贏了，即可獲得無盡的幸福；而如果沒有上帝，我們失去的也僅是壽命有限的人生，短得微不足道。[14]

這項論點有其缺陷。巴斯卡假設我們早已知道該把賭注下在哪個神身上。然而，人類崇拜過許多神明，每一位都要求我們屈服與順從。我們要是把賭注下在一位不存在的神明身上，另一位神明就有可能會懲罰我們。此外，我們短暫的人生真的那麼沒有價值嗎？如果這短暫的人生是我們唯一擁有的東西，那麼對我們而言就可能更加珍貴。

我們不該太認真看待巴斯卡訴諸理性的論點。他認為理性指向信仰，但也知道理性無法維繫任何人的信仰。任何長久信仰的基礎都在於儀式。與其思索宗教，人應該到教堂、廟宇或猶太會堂和別人一起跪下來膜拜以及祈禱。人其實比自己認為的更像機器：

> 我們對自己絕不能有所誤解：我們雖有心智，但其實也有如機械人。因此，論證不是唯一能夠說服我們的工具……證據只能說服心智；習慣才能提供最有力而且最受信服的證據。習慣會形塑機械人的傾向，於是心智也會在無意識的情況下受其引導。有誰曾經證明明天必然會天亮，而且人必有一死？但還有什麼比這些事情更廣獲相信？因此，是習慣說服了我們，並使那麼多人成為基督徒……我們必須取得一種比較簡易的信念，也就是習慣。[15]

信念是肉體的習慣。你如果想要擁有信仰，那就表現出你已經擁有信仰的模樣，心智會在不久之後跟進。實踐將會使你的信仰長久持續。

問題是巴斯卡的分析也為轉移注意力賦予了正當理由。他寫道：「這些無盡空間的永恆寂靜，令我的內心充滿恐懼。」[16]不過，屈服於俗世之道，例如關注體育競賽或者投入新的戀情，對於阻擋存在式恐懼的效果可能不遜於奉行宗教。任何一種消遣都可以達成這樣的目標。

巴斯卡說得沒錯的部分，在於轉移注意力的確是人類獨有的特徵。有些人認為人類與動物近親的差異在於製造工具的能力，另外有些人主張是傳遞知識或使用語言的能力。不過，這些能力都不是人類獨有。河狸會建造自己的家，渡鴉會利用工具獲取食物，猩猩會形成文化，運用先前世代傳遞下來的知識。狼嚎與鯨歌都是動物用於互相溝通的聲音。不過，對於轉移注意力的需求，則是專屬於人類。

轉移注意力是一種反應，源自於人類動物的決定性特徵：也就是伴隨自我覺察而來的對於死亡的恐懼。連同其他某些動物，大象也許會在同物種的其他成員死亡的時候體認到死亡這種現象。不過，只有人知道自己有一天會死。我們所抱持的在歲月中流逝的自我形象，伴隨著自己將在不久之後告別人世的認知。我們人生中大部分的時間都忙著逃離自己的影子。

否認死亡與分割人類靈魂密不可分。由於人深深恐懼一切會令他們想起自身終有一死的事物，因此把大部分的經驗都推入自身的無意識部分當中。人生於是成為努力待在黑暗當中的奮鬥。另一方面，貓不需要內在的這種黑暗，牠們是生活在日光下的夜行性動物。

賀吉與人類的墮落

貓不會規劃自己的生活；牠們隨遇而安。人則是忍不住把自己的人生編織成一則故事。不過，由於他們不可能知道自己的人生會怎麼結束，因此人生也就擾亂了他們企圖講述的故事。於是，他們終究還是像貓一樣，隨著偶然過活。

人和其他動物的不同之處，在於人會為遙遠的未來預做準備。藉由農業與工業，他們不再那麼依賴季節與天氣變化。於是他們的壽命變得比以前更長，但他們的生活方式仍然脆弱不已。

許多人似乎頗有信心地認為，過去數百年來發展出的現代文明將會長久存續，儘管氣候變遷與全球疫病正在造就一個不同於以往而且也更加危險的世界。人類無疑會設法適應，但我們並不清楚這些調整的本質。今天存在的這種社會，在未來會以不同的型態延續下去嗎？還是過去的社會制度，例如封建制度與奴隸制，會重新興起而受到新科技的維繫？沒有人知道。人類生活在地球上的未來就和我們死後的世界（如果真有死後世界的話）一樣不可知。

有些現代思想家想像社會可以受到重建，好讓人類獲致他們認定自己應得的那種幸福。但有一個人對這種願景抱持懷疑的態度，就是十八世紀的英國小說家、傳記作家、辭典編纂者暨健談人士塞繆爾・約翰遜（Samuel Johnson, 1709-1784）。

約翰遜是一名書商的兒子，出生的時候身體衰弱，大家都認為他活不了太久。他在人生早年有臉部與身體抽搐的情形，所以有些傳記作家認定他患有妥瑞症候群。經常負債而且總是處於缺錢狀態的他，就讀了牛津大學彭布羅克學院，但沒有學到什麼東西，也沒有拿到學位。他在一七三五年娶了一名好友的遺孀為妻。他這個好友是伯明罕的富商，名叫亨利・波特（Henry Porter）。伊莉莎白・「泰蒂」・波特（Elizabeth 'Tetty' Porter）比約翰遜大了二十歲，他們的戀情不受家人看好，也令約翰遜的朋友大感驚訝。不過，他稱為「愛情之合」的這場婚姻卻似乎相當融洽，並且一直持續到泰蒂在一七五二年去世為止。她資助約翰遜成立一所學校，但這項創業嘗試以失敗收場，約翰遜此後就一直是四處撰稿謀生的作家。他只要提起泰蒂，語氣裡總是充滿了感激與柔情。

約翰遜和蒙田一樣是忠實的愛貓人。他會步行到鎮上買牡蠣給他的黑毛貓賀吉吃，也會在牠生病的時候買纈草緩解牠的痛苦。此外，他也和蒙田一樣備受憂鬱所苦，只是頻率和嚴重程度都高於蒙田。

有一種信念認為思考最佳的人生道路便能達到幸福，對此約翰遜嗤之以鼻。如同他寫信向身為傳記作家的好友鮑斯威爾（James Boswell）指出的：

> 人生不長，我們絕對不該把太多時間花費在思索該怎麼度過這一生；懷著審慎之心展開的思索，繼之以精明的分析，在經過漫長的考慮之後，得出的必

> 然是偶然的結果。依據正當的理由而在未來的各種生活型態當中做出選擇，所需要的特殊能力是造物主並未賦予我們的。[17]

約翰遜在《阿比西尼亞王子雷塞拉斯傳》（*The History of Rasselas, Prince of Abissinia*, 1759）當中闡述了這種觀點。這部著作原本的書名是「人生的選擇」，內容是一則寓言，講述阿比西尼亞（當今的衣索比亞）國王的兒子離開自己居住的「快樂谷」而前往其他國家。

在那之前，雷塞拉斯並不曉得世間的邪惡。他居住的家鄉盡是和平與美，有如人間樂園。他對這樣的生活逐漸感到厭煩與不滿，而想要知道為什麼。然而，他遇見的人都不快樂，他遇到的智者也沒辦法告訴他該怎麼獲得幸福快樂。他是不是應該堅持這項追尋？陪伴他踏上這趟旅程的詩人朋友伊姆拉克（Imlac），向他說明為什麼追求幸福其實是追逐幻象：

「伊姆拉克回答道，善與惡的肇因極為多樣又充滿不確定性、經常相互交纏、備受各種關係所區分，又深受無法預見的偶然所影響，因此如果有人想要依據無可辯駁的偏好理由修正自己的處境，必然只能終生不斷詢問與思索……「這位詩人說，只有極少數人能夠過自己選擇的生活。每個人當下的處境都是由自己沒有預見到的肇因所造成的結果，而且他們也不一定心甘情願地和那些肇因合作……」[18]

在故事的結尾，雷塞拉斯放棄追尋而返回快樂谷。

約翰遜堅信思考無法紓解不快樂，其實是反映了他自己的經驗。他終生不斷為自己的身體健康所煩惱。他罹患了瘰癧，這是一種淋巴結的感染，經常由結核病引起，會造成淋巴腺腫大。他也喪失了部分視力。在他五十幾歲寫下的一篇自傳性短文裡，他把自己描述為「一個疾病纏身的可憐嬰兒，近乎失明」。對於以書寫為業的他來說，近視實是一項極為嚴重的劣勢。他辛勞了將近十年，寫出一部英語辭典，同時也是一部重大的文學作品。他的管家瑟拉爾太太（Mrs. Thrale）描述他如何在夜裡俯身在蠟燭前方看書，結果「假髮的前端著火燃燒，燒得只剩下底部的網子」。

約翰遜雖是熱切的基督徒，他的信仰卻沒有為他帶來平靜。他總是易於陷入憂鬱，因此經常害怕自己會失去理智。他備有一條鐵鍊和一個鎖頭，要求瑟拉爾太太在他看起來即將發瘋的時候把他綁起來。有些人認為他可能具有受虐傾向，但比較可能的解釋是他深怕自己精神狀態不穩的情形一旦廣為周知，將會因此蒙受恥辱，甚至遭到監禁。與他有點頭之交的詩人斯瑪特（Christopher Smart）曾被關進瘋人院達七年之久，唯一的同伴是他養的貓傑弗瑞，於是他寫了一首著名的詩頌揚這個「虎族」的成員。[19]

約翰遜對瘋人院的恐懼可能不下於對發瘋本身的恐懼。不過，他確實幾乎總是活在對於精神錯亂的恐懼之中。行走在倫敦的街道上，他會以自己的拐杖輕敲每一根路柱；他要是漏掉任何一根，就必須再重走一次。坐著的時候，他會前後搖晃，有時吹著口哨。他總是不斷喃喃低聲自言自語，渾身上下抽搐個不停。不論他是否患有妥瑞症，總之是個深深充滿不安的人。

然而，約翰遜的不安其實是所有人共有的煩惱，只是在他身上更加放大而已。大部分的人生都是一連串的抽搐。事業與愛情、旅行與變動不停的哲學思想，都是心智當中停不下來的抽動。如同巴斯卡所言，人類不懂得怎麼靜靜坐在房間裡。約翰遜知道自己不管在什麼地方都絕對不可能靜靜坐著，卻又無法消除自己的不安。如同其他人，他也受到自己的想像力所支配。

在《雷塞拉斯》的第四十四章，約翰遜分析了想像力的危險力量，並且斷定這股力量無法由意志行為克服：

如果要精確說起來，也許沒有人的心智處於正確的狀態。每個人的想像力都不免偶爾凌駕於理性之上，也無法完全憑著意志控制注意力，心中的想法也不可能隨著自己的指揮而來去。每個人心中的奇思空想都不免偶爾暴虐橫行，迫使人的希望或恐懼超出理智上可能的限度。奇想凌駕理性的一切力量，都是一定程度的瘋狂……[20]

在約翰遜眼中，要把注意力從混亂失序的想像力當中轉移開來，最好的憑藉就是同伴。他不但結交風雅的上流社會人士，也與倫敦的底層人口往來。他曾與英王喬治三世談話，但也樂於和無家可歸的乞丐聊天，而且還會收留這些人。讓他得以逃離自己的不是思考，而是沉浸於社會當中。

還有其他動物會無法忍受獨處嗎？至少貓絕對不會。在貓的一生裡，牠們大部分時間都處於滿足的孤獨當中。不過，牠們還是能夠對自己的人類同伴產生好感，也可能療癒人類無法自行消解的那種病態不安。約翰遜很欣賞自己的貓所具備的這項能力，將牠描述為「一隻非常優雅的貓，確實非常優雅」。賀吉為他提供了人類同伴無法給予的東西，也就是窺見人類墮落之前的生活。

《雷塞拉斯》當中的快樂谷是十八世紀所詮釋的伊甸園，所以同樣是沒有人能夠返回的地方。書中的王子確實決定返回快樂谷，但這部中篇小說最後一章的標題是「沒有結局的結局」，其中明白顯示了王子與快樂谷都不可能回復當初他離開之時的那個模樣。

人只有不知道身在樂園當中是什麼樣子，才有可能身在樂園裡。你一旦知道了，樂園就會不復存在。不論你多麼努力思考，都不可能讓你回到樂園去，因為思考（亦即在意識上知覺到自己是壽命有限的存在體）就是墮落。在伊甸園裡，亞當與夏娃這兩位最早的人就處於無知當中。他們一旦產生了自覺，即發現自己赤身裸體。思考自己就是蛇給予人類的贈禮，而且是一份不可歸還的贈禮。

在約翰遜這位十八世紀作家的心目中，樂園就是一種心智狀態，能夠讓人不必再受到自己的思維所折磨。不過，約翰遜知道自己的自我折磨是與生俱來的。這個「疾病纏身的可憐嬰兒」永遠不可能享有健康：他唯一能做的，就是逃離自己。於是他投身於社會，讓自己沉浸其中。鮑斯威爾記載中的這位口才便給的健談者，充滿燦爛耀眼的機智，其實就是約翰遜努力逃離自身思考的表現。然而，約翰遜需要的不只是轉移注意力。只有他的貓咪同伴，才能提供他所需的東西。他聽聞「一個出身良好家庭的年輕紳士」因為發瘋而開槍射殺貓咪，於是喃喃自語道：「可是賀吉不能被開槍打死；不行，不行，賀吉絕不能被開槍打死。」賀吉讓約翰遜得以暫時擺脫思考，從而暫時擺脫身為人的重擔。

3 貓咪倫理學

道德是一種非常奇特的慣俗

貓經常被描述為無道德的動物。牠們不遵守任何誡命，也沒有任何理想。牠們看起來沒有任何內疚或悔恨的感受，就像牠們也不會努力要讓自己變得更好。牠們不會投注心力改善世界，也不會為了什麼是正確的選擇而痛苦掙扎。如果牠們聽得懂的話，那麼對於自己的生活方式應該受到外部標準所決定的這種想法，牠們必然會覺得相當可笑。

許多人都聲稱自己對於道德的重視甚於其他一切。在他們的觀點中，人類和其動物近親之間最大的差異，就是對於是非的認知。美好的人生不只是值得一活的人生，而且也必須**合乎道德**。一個人的人生如果無法滿足道德的要求，就不可能有多少價值，甚至可能根本毫無價值。道德處理的是一種特殊的價值，遠比其他各種價值都更加珍貴。樂趣雖然有其價值，還有美麗與生命本身也都是如此，但對於這些善的追求如果不合乎道德，這些善就會變得毫無價值，甚至有害。這點適用於每一個人，因為道德律是普世而且絕對的。每個人都必須遵循道德，然後才能夠談其他條件。

採取這種想法的人，都深信自己知道道德的要求是什麼。在是非的問題上，不可能會有根本性的歧見。畢竟，遵循道德是至高的善，人類在這麼重要的事情上怎麼可能會有不同的看法？不過，實際上卻有許多不同而且互相對立的道德。在當今的某些人眼中，正義是道德的核心。不過，正義其實沒有他們想像的那麼恆久不變，對他們而言也沒有他們想像的那麼重要。如同巴斯卡指出的：「正義就像魅力一樣，也會隨潮流而變。」[1]

道德有許多吸引人之處。有什麼能比恆久正義的願景更迷人？然而，正義的願景就像鞋子的款式一樣，會隨著時間而不斷變化。道德的要求不但會隨著世代而變，甚至在個人的一生中也可能改變不只一次。不久之前，道德要求我們延伸帝國勢力來傳播文明，但當今的道德則譴責一切型態的帝國行為。這兩種判斷的互相對立無可調和，但是宣告這兩種道德的人卻都能夠獲得同樣的滿足，也就是一種自以為是的道德優越感。

人談起道德，其實並不知道自己談的是什麼，但同時卻又對自己提出的意見感到確切無疑。這點看來也許頗為矛盾，但其實並不矛盾，因為他們只不過是在表達自己的情感而已。除了他們為了支持自己而舉的實例之外，那些價值判斷根本沒有真偽可言。這就是為什麼人在道德當中不可能會有相同的看法。價值判斷如果只是單純表達情感，那麼就沒有什麼同意或者不同意的問題。

有些哲學家認為，所謂人類價值源自情感，所以因人而異的這種信念，乃是現代個人主義的副產品。[2]不過，由於這種想法可見於古代的希臘懷疑論者當中，因此這項解釋也就不太靠得住。比較可信的說法是，認為倫理是主觀的這種看法，乃是宗教空洞化的結果。以普世定律或普世命令所表達的「道德」，其實是一神論的遺跡。這些命令如果沒有制定者，怎麼可能會具有任何權威？在宗教當中，那個制定者就是神。後來，隨著啟蒙時代興起，制定者就變成了「人類」。不過，人類不可能是任何東西的制定者，因為根本沒有所謂的普世人類主體。唯一存在的是為數眾多的人類動物，各自帶有許多不同的道德。

對於從小受到教育而認定道德具有單一性與普世性的人而言，這樣的說法顯得難以理解，所以他們在自己的思考與言談當中就持續擺出道德在所有人眼中都明白可見的姿態，但實際上對於道德的實踐者而言，道德根本就是隱晦不清。[3]

斯賓諾莎論依據天性而活

所幸，思考美好人生還有其他方法。古希臘與中國都有些倫理傳統完全沒有提及現在所謂的道德。對於希臘人而言，美好人生就是依據「dike」而活：所謂的「dike」，即是你的天性以及此一天性在萬物架構中的位置。對於中國人而言，美好人生是依循「道」而活，也就是宇宙的道理，展現在你的天性當中。這兩種古代的倫理類型之間有許多差異，但對於今天的我們來說，最有用的乃是它們的共同之處。

這兩種思考方式沒有彰顯「道德」，原因是這兩者都不假定神為全人類制定了一種生活方式。此外，這兩種思考方式也不假定美好人生的核心是去擔心他人。相反的，美好人生表示以你獲得的天性為自己而活。當然，美好人生需要美德，也就是讓人能夠生存茁壯的特徵與技能。不過，這些美德不只涵蓋我們受到教導要視為道德的東西，也包括美學、衛生以及生活的藝術，而且不僅限於人類。在這樣的理解下，倫理（ethics，源自希臘文的「ethikos」，意為「人格」或「來自習慣」）也可見於非人類的動物當中。

亞里斯多德從海豚身上看出非人類動物也擁有美德。在他的《動物史》（*History of Animals*）當中，他數度提及海豚如何為幼仔哺乳、互相溝通，以及合作獵捕魚群。[4]他這些評論的基礎，是和漁夫一同航行於愛琴海上所得到的直接觀察。亞里斯多德認為宇宙中的萬物都有其目的（telos），也就是實現自己所屬那種物體的天性。美好的人生，就是達成此一目標的人生。海豚合作獵捕魚群的時候，就是展現了達成這種目標所必需的特質：換句話說，就是一種美德。海豚以海豚專屬的模式過著美好生活。[5]

古代中國思想帶有類似的思考方式。老子與莊子的道家奠基於「道」與「德」的概念上：也就是萬物的道理或天性，以及依循這種道理生活的能力。「德」在英文當中雖然經常譯為「virtue」(美德),其所指涉的,卻不是任何專屬於「道德」的能力,而是依循萬物的道理行事所需的內在力量。依循這種道理,表示你要採取必須採取的行為,而且這點不僅適用於人類。只要遵循自己的天性,所有的生物都能夠生存茁壯。[6]

亞里斯多德對於倫理的論述則是以人類為中心,而且帶有高低層級。他雖然認為美德也能夠存在其他動物身上,卻堅持認為只有少數的人能夠最完整實現美好人生。人類的心智最近似於神的心智(一種神聖智性,又稱為「nous」,是宇宙的終極因,又稱為「不動的推動者」),而世間存在的萬物都致力於要變得像神一樣。因此,對於亞里斯多德而言,人類動物就是宇宙的「telos」,是宇宙的目的或目標。

這種觀念相當適合基督教,也持續存在於演化的熱門理論當中。不過,達爾文的理論卻完全不同:自然汰擇沒有目的,人類物種也是意外出現的結果。人類沒有「優於」無可計數的滅絕物種。不過，達爾文卻發現難以堅持這個觀點。[7]今天，他的許多追隨者都認為人類比其他動物更有價值，但除非相信宇宙間存在著一套價值階級體系，否則這種觀點就完全沒有道理可言。

另一方面，在道家思想當中，人類則是毫無特殊之處。如同其他所有生物，人類也是芻狗：也就是為了儀式而精心準備的祭品，然後隨意燒掉。如同老子所言：「天地不仁，以萬物為芻狗。」[8]宇宙沒有偏好，人類動物也不是宇宙的目標。宇宙是一項漫無目的而無盡變化的過程，沒有任何目標。

在核心的西方傳統當中，人類的地位高於其他動物，原因是人類擁有意識思維的能力。亞里斯多德心目中最佳的人生，就是對於宇宙的智識思索，但在基督徒眼中，則是對於神的愛。在這兩者當中，意識知覺都是良好生活不可或缺的一部分。相較之下，在道家眼中，人類關注自我的意識乃是美好人生的主要障礙。

根據亞里斯多德的說法，最優秀的人就是像他這樣的人（蓄奴的希臘男性），致力於智識探究。除了為他那個時代的當地偏見賦予正當理由（這是幾乎普遍存在於哲學家之間的一種做法），這個觀點還有一項更根本的缺陷，就是假定人類能夠擁有的最佳生活對於每個人而言都一模一樣，至少在原則上是如此。的確，大多數人都達不到那樣的生活，但這點只是顯示他們不如能夠達到那種生活的人。亞里斯多德沒有想到人類有可能以許多不同方式活出綻放的人生，而且那些方式都無法以任何價值量表加以評等。他也沒有想到其他動物有可能以人類做不到的方式活出美好的生活。

在這方面，道家又再度提供了令人耳目一新的對比。人生沒有價值評等，其他動物的最佳生活也不等於變得更像人類。每一頭動物，每一個生物，都有其自身的美好生活型態。

在西方思想當中，最接近這種願景的是斯賓諾莎（Benedict Spinoza, 1632-1677）的「conatus」概念：這個概念是指生物的一種傾向，致力於保存以及強化自己在世界上的活動。神經科學家達馬吉歐（Antonio Damasio）注意到斯賓諾莎的論述預示了近代科學在身心一體方面的發現，於是他引用斯賓諾莎的《倫理學》（*Ethics*）當中的一項命題以闡述這種觀念：

這段引文取自《倫理學》第四部分的命題十八，內容如下：「……美德的首要基礎是保存自我個體的努力（conatum），而快樂就來自於人保存自我的能力。」……我們必須評論斯賓諾莎使用的術語……。首先……「conatum」一詞可以解讀為努力、傾向或奮鬥，而斯賓諾莎採取的意義可能是這三者的任一者，也可能是這三者的混合。第二，「virtutis」一詞所指的不僅是其傳統的道德意義，也可以指力量以及行動的能力……從今天的觀點來看，這就是這句備受珍愛的引文背後的美妙之處：這句話帶有一套倫理行為體系的基礎，而且是一種神經生物基礎。[9]

達馬吉歐提及的含混不清並非偶然，因為這樣的含混不清顯示了斯賓諾莎努力想以傳統術語表達一種顛覆性的哲學思想。

斯賓諾莎的語焉不詳可能有幾個原因。他和蒙田一樣，也是出身於一個為了躲避宗教裁判所的迫害與強制改變信仰而逃離伊比利半島的猶太家庭。不過他比蒙田大膽，在一六五六年被逐出阿姆斯特丹的中央猶太教會堂，原因是他向其他宗教家表達了若干觀念，結果被他們視為異端思想；而那些觀念都收錄於他死後才出版的《倫理學》裡。他在遭到開除教籍之後獲得一項教職，卻因為擔憂自己的思想與寫作自由可能會遭到限制而予以拒絕，選擇從事研磨鏡片的工作謀求溫飽，但這個職業可能縮短了他的壽命。

斯賓諾莎的批評者把他的觀點視為異端思想確實有道理。在他眼中，神並不是創造宇宙的力量，而是一種無限的物質，稱為「神或自然」（Deus sive Natura），自給自足又恆久存在。人類的價值不可能來自一位創造了宇宙的神，因為神就是宇宙本身。斯賓諾莎含混不清的語言可能是為了讓這種哲學思想比較能夠受到後來將他逐出教會的那些人士所接受。不過，他可能也確實低估了自己的哲學思想危及傳統信仰的程度。有些時候，他似乎退縮捨棄了自己思想當中最具原創性的部分。

英國哲學家罕普夏（Stuart Hampshire）投注許多年的時間思索斯賓諾莎的哲學思想，他這麼解釋「conatus」的概念：

> 如同自然秩序當中其他每個可辨的特定物體，人也在自己的典型活動當中試圖保存自己以及自己身為個體的特有天性，並且增加自己在所處環境中的力量與活動。這種努力（conatus），或是自我保存的內在力量，就是個體之所以成為個體的要件……
>
> ……一個人的先天傾向，或謂「conatus」，不是把自己塑造成良好或完美的人

類樣本，在其活動當中實現某種一般性的人類理想，而是保存自己，因為他是身為活躍存在體的個人，在自己的活動中盡可能保有獨立性。一個人唯有在自己的活動中擁有相對的自由與自決，才算是達成了美德，並且在他必然渴望的事物當中獲得成功。[10]

在斯賓諾莎的觀點中，「善」會促使這種努力更進一步，「惡」則是會造成阻礙。價值不是事物的客觀性質，但也不是純粹主觀。個人的美德能夠延長並且擴展他們在世界上的活動。不過，絕大多數的人類都不瞭解自己或是自己在世界上的地位，因此他們的生活方式經常是錯的。

罕普夏寫道，以這種方式看待善惡，「斯賓諾莎即是在當時居於主導地位的基督教與猶太教傳統當中，把倫理學的研究呈現為一項巨大的錯誤，看作是在追逐有害的幻象。」[11]這種幻象有一部分來自於相信自由意志的存在。傳統道德理論認定有多種行動方式可供我們選擇以及決定；但在斯賓諾莎的論述裡（如同若干當代的神經科學理論），我們以為是自己做出的選擇，實際上卻是我們這個生物體當中的複雜肇因運作之下造成的結果。[12]我們的思維與決定無法脫離我們的身體，而身體的運作則獨立於我們認為的意識心智與意志之外。審慎思考以及決定採行一個選項的這種經驗，其實是我們互相衝突的慾望所造成的副產品。自由意志就是不知道自己將會怎麼做的感受。實際上，我們一定要設法維持並擴展我們本身的力量，但由於人類心智受到幻想蒙蔽，所以這點有可能無法達成。

斯賓諾莎相信宇宙間的萬物都是必然，沒有任何東西是偶然存在的。這就是為什麼他拒絕接受自由意志的概念。不過，你不必接受斯賓諾莎的形上觀，也能夠理解他對傳統道德觀念提出的挑戰有多麼強大。此外，你也不需要接受存在的一切都致力於持續存在這種觀點。整個斯賓諾莎倫理學的核心概念，就是所有有生命的東西都會彰顯出自己是什麼樣的特定生物體。

這種看法與古典觀點還有一神論觀點都非常不一樣。亞里斯多德提出的古典觀點認為萬物都致力要成為其所屬類型的完美樣本，而一神論觀點則認為人類若要獲致美好人生就必須趨近神聖個體的完美特質。你一旦放棄這些傳統信念，就不會認為人類具有獨特的能力，能夠選擇自己的善；而是會認為人類就像其他生物一樣，都是致力於追逐自己的天性所要求的善。

人類的驅力是自保，但由於他們的心智混亂不清，所以他們經常表現出自我毀滅的行為。這種情形可以透過層次更高的第二階思考加以矯正：

> 自保的核心驅動力，不但在部分程度上決定了我其他的慾望，而且確切符合個別實體物質的一種恆久不變的普世性特質。我的理性省思以我的第一階慾望為對象，思考的活動也體現在腦中一項相應的活動裡。在省思活動——也就是針對觀念再形成觀念的活動當中，我會對慾望或其他思緒提出正面或負

> 面的評價，予以肯定或否定，或是暫時不做判斷。省思是心智針對外部事物的輸入所從事的活動，是心智的自我主張。[13]

實際上，沒有人能夠達成斯賓諾莎認為有少數人可以達成的心智自由。他認為反身性思考可以消除心智裡的幻想，但這種想法本身就是幻想。斯賓諾莎寫道，世人應該把他的「必要真理」當成「洶湧大海當中的木筏一樣」緊緊抓住。[14]不過，他的公理只是憑空的想像，他的形上救命木筏也漏洞百出。

斯賓諾莎雖然偏離傳統的道德概念，卻延續了理性主義傳統，認為最有自覺的人生是最佳的人生。分裂的心智可以將自身視同於（體現在宇宙當中的）理性而凝聚成一體。不過，宇宙理性如果是人類想像力創造出來的結果，那麼反身性思考（也就是對自己的思維過程進行思考）只會導致內在分裂更加惡化。

理性主義的缺陷就是認為人類可以套用理論而活。不過，理論（theory；這個詞語源自希臘文的「theorein」，意為「檢視」）無法取代如何生活的實用知識。柏拉圖誤導了西方哲學，因為他把對於善的認識呈現為一種視覺體驗。我們要檢視一個東西可以不必加以觸碰，但美好人生不是這麼一回事。我們只有活出美好人生，才能夠知道何謂美好人生。我們如果對美好人生進行太多思考，而將它轉變為一項理論，那麼美好人生就可能會消失不見。與蘇格拉底的見解相反，受到檢視的人生可能不值得一活。

斯賓諾莎重新提出柏拉圖的信念，認為人生愈有自覺，就愈接近完美。不過，如果生命的價值就是對活出此一生命的生物所具有的價值，那麼這種價值階層體系就毫無意義。活得好，不表示愈來愈有自覺。對於任何生物而言，最佳的生活就是身為自己。

這種看法偏離了我們每個人都應該為自己形塑一種獨特個體性的浪漫主義觀點。在浪漫主義者眼中，人類創造自己的人生，就像是藝術家創作作品一樣，而任何藝術作品的價值都在於這件作品具有多高的原創性。浪漫主義者在這方面運用了《聖經》裡那種從無到有的創造觀，而這種創造觀並不存在於古希臘思想當中。浪漫主義是基督教的眾多現代代理人之一。

斯賓諾莎—道家式的倫理觀點則相當不同。人類就像其他動物一樣，美好人生不是由他們的感受所形塑，而是：他們在多大程度上實現其天性，將會形塑他們的感受。

對於當今的許多人而言，這正是最具壓迫性的生活方式。現代文化抗拒天性這個概念，正與抗拒神這個概念有著相同的理由：因為這兩者都對人類意志設定了限制。現代人文主義跟隨浪漫主義，雖以理想化的眼光看待自然界，卻還是認為自然界比不上人類能夠創造的最佳世界。在這些沒有意識到自己是後基督徒的人士眼中，自由就代表反抗天性，包括他們自己的天性。另一方面，在斯賓諾莎與道家眼中，任何這種反抗行為都會適得其反。人類就像其他動物一樣，也致力於維持並擴展自己在世界上的力量。所有的人與動物都受制於自己的「conatus」，也就是每個生物的自我主張。

在斯賓諾莎與道家的觀點中，力量代表能夠身為你自己。慵懶的樹懶成天酣睡來彰顯自己的力量，就像老虎捕殺獵物以彰顯力量一樣。在這個意義上，行使力量並不表示必須支配別人。不過，倫理如果是肯定自己的個人天性，那麼你可能會發現自己身在一神論者與人文主義者所理解的道德之外。

舉例而言，斯賓諾莎認為憐憫是一種惡行。他在《倫理學》當中寫道：「在一個依循理性而活的人身上，憐憫本身是一種惡劣又無用的東西。」他接著指出，憐憫是一種痛苦，而痛苦即是惡。我們可以採取行動為我們憐憫的對象緩解其所處的困境，但只有在這麼做是受到理性要求的情況下才行。斯賓諾莎在最後下結論指出：

> 因此，依據理性的要求而活的人，自然會盡可能不受憐憫影響。一個人一旦確切知道一切事物都是神聖天性的必然結果，並且是依循自然的永恆律法與規則而來，就會發現完全沒有任何事物會令人感到厭惡、發笑，或鄙夷，而且也不會感到同情……一個人如果輕易受到憐憫的情感所影響，為了別人的苦難而落淚，就經常會做出事後令自己後悔的事情；我們不但無法依據自己確知為善的情感採取任何行動，也會輕易受到虛假的淚水欺騙。[15]

斯賓諾莎的倫理偏離於傳統道德之處，在於他的倫理不是由某個人類或神聖權威留下的規則或律法所構成。此外，他的倫理看待美德與惡行的方式也不一樣。憐憫是一種惡行，原因是憐憫會造成哀傷並且消耗活力。道家倫理也與道德有所不同。連同智者之道，道家也認可暴君與刺客之道，戰士與罪犯之道，以及終其一生不斷抗拒自身處境的大多數人所奉行的道理。有些人致力於自我主張，有些人一心想要自我毀滅。有些人賦予生命，有些人奪走生命。人之道殘酷不仁，正如道本身一樣。

這種觀點與十九世紀末至二十世紀初在歐洲成為一種普遍信條的權力意志相差極遠。尼采（1844-1900）在他晚期的部分著作裡，略微提及世上的一切都是在追求權力這種概念。尼采仰慕斯賓諾莎，也聲稱從他身上學到很多東西，但尼采的權力意志並不是斯賓諾莎在每個特定物體當中見到的那種力量。尼采的權力意志，是以他早期的導師叔本華宣揚的無所不在的生存意志為基礎，所提出的翻轉版本。差別在於，叔本華哀嘆生存意志帶來的苦難，尼采則是予以頌讚。

在尼采之前，十七世紀英國哲學家霍布斯（Thomas Hobbes）曾經主張人類受到永不饜足的權力慾望所驅使：「我主張全人類都懷有一種普遍的傾向，對於權力懷有恆久躁動的慾望，只有在死後才會平息。」[16]霍布斯認為這種慾望來自於對其他人的恐懼，更明確來說則是害怕自己會遭到別人殘害而死於非命。對於人類而言，這種死亡即是「至惡」（summum malum）。

霍布斯所描繪的自然狀態下的人類（這種自然狀態是一種神話式的建構，代表缺乏秩序的社會），其實比他的批評者所願意承認的更接近於人類現實。戰爭就像和平一樣自然，歷史上也有許多時期是以暴力為常態。霍布斯認為人類可以避免這種狀態，方法是擁立一名君主，維持社會的秩序。不過，對於遭到殘害而死的恐懼並不是最強烈的人類衝動。我們活著不只是為了延後死亡時間。肯定自己的天性有可能代表尋求死亡。人類願意為了保護自己心愛的人或物而付出死亡的代價。單純維持生命是一種悲慘的生活方式，願意迎接死亡也不違反天性。我們在第五章將會看到，人類也願意為了自己認同的觀念而獻出生命或是奪取生命。

斯賓諾莎看待自殺的觀點相當引人入勝。由於萬物都致力於以自身所是的特定物體存續下去，因此沒有人會真正想要不再存在。沒有人會想要終結自己的生命：自殺其實是人遭到世界所殺害。如同斯賓諾莎在《倫理學》當中所言：「如非外部肇因造成，萬物絕不可能受到摧毀。」[17]從另一個觀點來看，人之所以會自殺，就是因為他們的「conatus」轉而抗拒自身。

斯賓諾莎認為人只要完全理性，就可以徹底避免尋死的念頭。他在《倫理學》的一個著名段落寫道：「一個自由的人最不會思考的念頭就是死亡。他的智慧不是存在於對死亡的沉思當中，而是對於生命的沉思。」他認為自己能夠證明這項命題為真：

> **證明**：一個自由的人，也就是一個純粹依循理性而活的人，不會被他對死亡的恐懼所牽引……而是會直接渴求善的事物……也就是……渴求行事、渴求生活、渴求尋找對自己有用的事物而保存自己的存在。因此，他最不會思考的念頭就是死亡，而他的智慧則是在於沉思生命。**證明完畢**。[18]

斯賓諾莎的證明只是一種幻想。我們可以壓抑死亡的念頭，就像我們能夠壓抑其他許多思緒一樣，但這樣只會導致死亡的念頭潛伏在心智的陰暗處。實際上根本沒有完全不把死亡當一回事的人。

無我的自我中心

我們承襲的信念認為道德的最高形式即是利他主義，也就是無私或者為別人而活。在這種傳統中，同理心是美好人生的核心。另一方面，貓除了對自己的幼仔之外，極少展現出對別人感同身受的徵象。貓可能會察覺到自己的人類同伴心懷苦惱，也會陪伴他們度過一段困頓時期。貓也許會對身陷病痛以及瀕死的人提供撫慰，但不會為了扮演這些角色而犧牲自己。牠們只要單純陪伴在旁，就能夠緩解人類的哀傷。

貓身為掠食者，若有高度發展的同理心將是一種失常現象。這就是為什麼貓缺乏這種能力，也是為什麼一般認為貓很殘忍的想法其實錯了。殘忍是一種負面的同理心。除非對別人感同身受，否則你就沒有辦法以他們的痛苦為樂。人類在中世紀時期凌虐貓的行為，就展現了這種負面同理心。相較之下，貓玩弄自己抓到的老鼠，並不是樂在對方的痛苦當中。逗弄獵物表達的是牠們身為狩獵者的天性。牠們不是凌虐受到自己支配的生物（這是人類獨有的嗜好），而是在玩弄對方。

利他主義與美好人生之間的關聯也許看似不證自明，但這在倫理學當中其實是一種新奇現象。關懷別人在古希臘人的價值觀當中並不占有多大的地位。亞里斯多德完全沒有談到自我犧牲；這位「偉大心靈者」如果不是在思索宇宙，就是在仰慕自己。此外，利他主義在早期的佛教當中也不占有非常重要的地位。早期佛教的目標是要拋棄自我的幻象，以便達成寂滅的涅槃狀態。佛陀似乎認為只有人能夠達成這種解放。涵蓋於當今印度教之中的早期印度傳統，認為每個生物都可依循自己的天性行事而達成自由。印度教傳統在這一點上比較接近道家思想，而不是佛教。在佛陀眼中，解放代表捨棄自我，但目標仍然只是解放自己。到了佛教歷史上較晚的時期，才出現我們當今熟悉的這種觀念，認為在至高的無私之舉當中，開悟的個人（菩薩）可能會捨棄涅槃而轉世投胎，以便解放眾生。

在基督教當中，美好人生並非向來都與幫助別人畫上等號。在人生晚年加入東正教修道院而以僧侶身分走完人生最後一程的十九世紀俄國宗教哲學家列昂捷夫（Konstantin Leontiev），認為基督教是一種「超越性的自我中心」（transcendental egotism）：一種聚焦於個人救贖的生活方式。[19]基督教通常被描述為愛的宗教，但基督教神祕主義者所談的愛是神的愛。人類因為身為神的子女而獲得愛，但他們一旦犯錯，就可能會被打入地獄。基督教和佛教的本質同樣都不是普世之愛。

當今有些哲學家認為，造成最大的善的人生就是最好的人生。他們把邊沁

（Jeremy Bentham）等十九世紀思想家所提倡的效益主義哲學進一步發展，認為最好的人生會造成全體福利的最大化，其定義經常是個人的行為滿足所有受到此一行為影響的人所懷有的渴望。「有效利他主義」的倡導者並沒有懷疑過活出美好人生與達成最大的善是不是同一件事。[20]畢竟，這兩者在今天被畫上等號只是歷史上的偶然。基督教如果沒有獲勝，而且西方至今仍是受到希臘羅馬倫理觀的某種版本所支配，那麼絕對沒有幾個人會認為美好人生等於達成最大的善。

利他主義是一種現代觀念。這個詞語由法國社會學家孔德（Auguste Comte, 1798-1857）所創，目的是為了定義他所發明並且推廣的人本教（Religion of Humanity）。在這個號稱科學的宗教裡，美好人生必須服務「人類」，而不是任何的神聖個體。確切而言，他建議自己的門徒實踐的利他主義並不是以任何實際上存在的人為對象。他心目中的受益者，是他認為已經逐漸出現的開明物種；但這個物種其實就和其所取代的神明一樣是人類想像力的創造物，甚至還更令人難以置信。

孔德的世俗宗教在今天雖然已幾乎被人遺忘，但是卻還留下極大的影響力將道德與利他主義畫上等號。近數十年來出現了數以百計的著作，都主張道德可以從演化角度加以解釋。這些著作全都理所當然地認定道德行為必然利他，但這項假設不論就歷史還是文化而言都相當偏狹：認為美好人生就是為別人而活的這種基督教—人文主義概念，只是人類在眾多概念當中找到滿足的其中一個而已。

然而，這項概念卻已深深植入大眾與科學思維當中，促使倫理學被描述為「目標在於矯正有害的利他失敗情形」。[21]在生物學裡，利他這種概念指涉的是合作行為，而且主要是在群體當中。有些哲學家證明了利他行為具有演化功效之後，即認定自己已然解釋了人的倫理生活。不過，如果說他們解釋了任何東西，那麼他們解釋的只不過是基督教道德的某種稀釋版本，由現代世俗知識分子的偽達爾文主義觀點重新建構而成。

斯賓諾莎與道家都不認為美好人生是為別人而活，而是一致把自我實現連結於某種無我的狀態。如同研究斯賓諾莎而且長期禪修的美國哲學家溫帕爾（Paul Wienpahl）指出的，十七世紀法國哲學家暨懷疑論者貝爾（Pierre Bayle）發現了斯賓諾莎思想與佛教禪宗之間的這項近似性。溫帕爾寫道：

> 就我所知，最早有人注意到斯賓諾莎與佛教禪宗之間的相似性，是在貝爾的辭典當中解釋斯賓諾莎的條目裡。貝爾在其中提及斯賓諾莎的思想近似於「中國一個教派的神學」。只要閱讀他的描述，即可明白看出他談的是耶穌會士對於佛教禪宗信徒的記述，耶穌會士稱他們為無人的追隨者。在這個條目裡，貝爾說斯賓諾莎的思想沒有任何新穎之處，因為「古中國人一個教派的神學」也是奠基於虛無這種難以理解的概念……在貝爾眼中，這個概念表示一切具體的事物都與真實脫離。[22]

溫帕爾接著指出，禪宗的一項核心概念認為自我是空。禪宗在中國出現是佛教與道家思想互動造成的結果，而人的自我乃為虛幻是這兩種思想共有的洞見。

另一名發現斯賓諾莎倫理與道家倫理相當近似的學者，是挪威的韋特勒森（Jon Wetlesen）。他在《智者與道：斯賓諾莎的自由倫理學》（*The Sage and the Way: Spinoza's Ethics of Freedom*）這部著作當中寫道：道家「的目標不在於成為自己本來不是的樣態，而是要發揮自己的本色。這點不需要現世的自我採取任何特殊的作為，而是必須消除自我」。[23]他發現斯賓諾莎的思想對於自我與個人的真實天性也有這種相同的區別。

這種以實現自己的個別天性為目標的倫理學，與任何自我創造的觀念都不相同。人所認同的那種自我，是社會與記憶的建構物。人在嬰兒與童年時期形成自我的形象，然後藉著保存以及強化這種自我形象而尋求幸福。不過他們所擁有的關於自己的形象，不是他們現實上的身體或生活的樣子，因此追逐那種形象所帶來的可能不是滿足，而是自我挫折。

其他動物不會讓任何這類幻象參與自己的生活。大多數的動物絲毫沒有自我形象。對牠們而言，自保指的不是一個想像自我的持續存在，而是身體持續保有活力。牠們不是虛無縹緲的自我，以恍如旁觀者的眼光檢視著自己的思緒和衝動。牠們採取行動的時候，不會像人類那樣覺得採取行動的是自己內在一個分別的實體（一個心智，一個自我）。

貓缺乏虛幻的自我形象，牠們在這方面堪稱楷模。美國心理學家小戈登・蓋洛普（Gordon Gallup Jr.）在一九七〇年提出鏡中自我認知測試，而在通過這項測試的少數物種當中，貓並不是其中之一。這項測試會在受測動物身上添加某種實體標記，經常是一個彩色圓點，而且是牠們只有在鏡中才看得見的身體部位。受測動物如果試圖觸碰身上添加了彩色圓點的部位，就被視為具有自我覺察力。人類、黑猩猩、巴諾布猿與大猩猩都通過了測試，連同海豚與虎鯨等鯨豚類，以及部分鳥類，例如喜鵲。至於其他的鴉科鳥類，還有豬與獼猴，則是在這項測試裡展現了局部的自我覺察力。

貓對於自己的倒影絲毫不感興趣，不然就是將其視為另一隻貓。有些貓據說受到人嘲笑會出現苦惱的反應，還有部分品種（例如暹羅貓）則是號稱深富虛榮心。不過，與其說這些貓是對自己受到別人怎麼樣的看待而感到惱怒，牠們實際上可能只是把人類對牠們呈現出來的反應解讀為帶有敵意或者危險。同樣的，貓在其他貓面前可能會搔首弄姿或者擺出威嚇姿態，但這麼做並不是要為自己抱持的自我形象增色，而是把自己的一種形象投射於其他貓面前，以便求偶或者保護自己的地盤。

研究顯示貓可能會認得自己的名字，但牠們受到呼喚的時候可能懶得回應。[24] 牠們與人類互動的歷史，並沒有造成他們對人類的依賴程度達到必須回應人類為牠們取的名字。不同於狗，貓完全沒有學到人類的那種自我感知。牠們當然會辨別自己和自己以外的世界，但是與外在世界互動的並不是貓內在的一個自我，而就是貓本身。

貓咪倫理學是一種無我的自我中心。貓是自我中心者，因為牠們只關心自己以及自己所愛的對象。牠們之所以無我，是因為牠們沒有致力於要保存以及強化的自我形象。貓不是以自私的方式活著，而是在無我的狀態下身為自己。

傳統道德家會抗拒貓咪倫理學的概念。一個生物如果沒辦法理解對與錯的原則，怎麼可能具有道德？畢竟，只有依循這類原則的行為才有可能合乎道德吧？行為必定有行為者可以知道的理由，否則就不可能會有道德。

這是一種耳熟能詳的說法。不過，如果這真是道德的要求，那麼人也不可能具有道德。的確，人有可能提出某些原則，然後試圖加以遵守，但他們卻根本不瞭解自己為什麼會從事自己所做的行為。為什麼遵循某一項原則，而不是另外一項？如果有兩項以上的原則互相牴觸，他們該怎麼做出選擇？他們要是為自己從事的行為找出了一個理由，又怎麼知道這個理由是促使他們從事這種行為的原因？人類其實沒有選擇從事「道德」的行為，就像他們打噴嚏或打呵欠也不是出於選擇一樣。所謂美好人生乃是由自我選擇的行為所構成，這種哲學思想其實是一種花招，目的在於欺騙變戲法的人。

認為美好人生在於追逐善的觀念，這種信念是錯誤的。此處的觀念指的是一種願景，就像柏拉圖說的那樣。我們一旦窺見了善，就會投注終生努力趨近那樣的境界。貓當然不會做這種事情。牠們雖然在黑暗中也看得見，但嗅覺與觸覺在牠們的生活中占有比較重要的地位。對牠們而言，美好的生活必須在觸覺與嗅覺上感受得到，而不是隱約瞥見的某種遙遠的東西。

美好人生不需要體現任何觀念。一個人如果對受苦的人伸出援手，即是展現了同情心，不論這個人是否對自己的所作所為懷有任何觀念。這麼一個人如果沒有意識到自己的行為展現了同情心，也許才更是真正具有美德。勇氣也是如此。

如同人類，貓的美好生活也取決於牠們的美德。亞里斯多德指出，人如果缺乏謹慎，那麼不論懷有其他什麼美德，他們的人生都絕不可能圓滿：因為他們所做的一切都將成空。同樣的，總是滿心害怕的貓不可能好好生活。不論在野外還是人類聚落裡，貓的生活都充滿了危險。勇氣不但是人類的美德，也同樣是貓的美德。如果沒有勇氣，貓和人都一樣活不下去。

對於任何生物而言，美好的生活都取決於這個生物需要怎麼實現其天性。美好生活與此一天性有關，而不是與意見或慣例有關。如同巴斯卡指出的，人類是一種不尋常的生物，因為我們除了與生俱來的天性之外，還有由慣俗形成的第二天性。人類經常不免把自己的第二天性誤以為是第一天性，因此許多依循社會慣俗而活的人都因此活得不快樂。不過，貓沒有搞錯自己天性的習慣。

當然，我們無法知道身為貓是什麼感覺，也無法知道身為另一個人是什麼感覺。但儘管如此，我們還是正確地認為一個人如果認定別人是沒有感覺的機器，必定患有精神疾病。另一方面，對其他動物懷有相同想法的哲學家，例如笛卡兒，卻被頌揚為智者。實際上，貓的內心世界可能比人類更加清晰鮮明。牠們的感官比較敏銳，清醒時的注意力也不受夢想蒙蔽。缺乏自我形象可能使牠們的體驗更加強烈。

從貓的行為舉止所表現出來的那種心無二致來看，貓的無我狀態與禪宗的「無心」頗有相似之處。達成「無心」狀態的人並不是沒有心智。「無心」意指心無旁騖的徹底專注。[25]換句話說，就是全神貫注於自己所做的事情。在人類身上，這種行為極少能夠自發性地出現。至高無上的弓箭手能夠不加思索地射箭，但這樣的成果唯有經過長達一生的練習才能獲得。[26]貓則是天生就處於無心的狀態。

認為其他動物沒有意識知覺的哲學家，為自己賦予了一種心智狀態，但他們對於這種心智狀態只能偶爾得知，甚至完全不知。人的內心生活不但片片段段、模糊不清、缺乏條理，有時甚至一團混亂。人的內在沒有一個多多少少帶有自我覺察的自我，只有一團多多少少帶有連貫性的經驗。我們在人生當中的體驗零碎而斷裂，像鬼魂一樣時而出現，時而消失；但沒有自我的貓，則隨時都是牠們自己。

4 人的愛相對於貓的愛

愛的熱烈依附是許多人生的核心要素。這種愛的對象大部分都是別的人，但也有可能是不屬於人類的動物。這兩種不同的愛偶爾也可能發生衝突，文學作品與回憶錄可以闡釋這兩者的差別。

莎哈的勝利

對人的愛與對貓的愛之間的衝突，是柯蕾特（Sidonie-Gabrielle Colette, 1873-

1954）的短篇小說《貓》（*The Cat,* 1933）的主題。這位法國作家出生在一個家境衰退的中產階級家庭，在二十歲受到勸說嫁給了一個知名作家，結果那個作家利用她的文學天賦，把她寫的幾本小說當成自己的作品出版。柯蕾特在一九〇六年離開丈夫，擔任舞臺表演者好幾年，過著收入不穩定的生活。她在一九一二年嫁給一份全國性報紙的編輯，但兩人在十二年後離婚，部分原因是她和自己的十六歲繼子發生了一段情。她在一九二五年再婚，並在這段婚姻當中度完餘生。她也和女性有過情愛關係，其中有些持續了許多年；此外，她又極為愛貓，指稱貓是她獨處之時必要的同伴。她終生筆耕不輟，停筆的時間從來不曾持續太久，還在一九四八年獲得諾貝爾文學獎提名。到她去世之時，她已是深受世人敬重的作家。

柯蕾特的傳記作者茱蒂絲．瑟曼（Judith Thurman）針對《貓》寫道：「在這部以一隻貓作為愛情女主角的小說裡，柯蕾特的文字特別帶有貓的特色：疏離又性感，對於粗陋的人類感官所感受不到的那些肉體快感與苦楚觀察入微。」[1] 小說裡的女主角是一隻金色眼睛體型嬌小的沙特爾貓（俄羅斯藍貓），名叫莎哈，和亞蘭住在一起。亞蘭是愛做白日夢的青年，最喜歡在家中那座崩頹的別墅裡，和莎哈一起在美麗的花園中閒度時光。亞蘭在母親的鼓勵下娶了卡蜜兒為妻。卡蜜兒是在性方面放蕩不羈的十九歲少女，於是兩人「沉浸於能夠促成時光飛逝並且讓身體輕易獲得快感的娛樂當中」。[2]不過，亞蘭很快就對卡蜜兒感到厭倦。她的身體看起來不如他想像的美麗，她在性方面的索求無度也令他不堪招架。不久之後他就對卡蜜兒感到厭煩，只要可以的話，他就和莎哈一起躲進花園裡。

卡蜜兒的嫉妒心愈來愈強烈，於是在一天上午趁著亞蘭不在家，就把莎哈從他們住的高樓公寓當中丟出窗外。一道雨篷擋住了莎哈下墜的勢道，牠因此毫髮無傷地度過這場危機。這項殺貓不成的舉動給了亞蘭充分的理由，得以擺脫這份變得壓迫性十足的人際關係。他把莎哈裝在籃子裡，回到母親的家中。第二天上午，卡蜜兒前來請求原諒，但亞蘭毫不接受。他緩慢而平靜地對她說：「一個毫無過錯的小生物，藍得有如最美麗的夢境。一條小小的靈魂。牠不但忠誠不已，而且要是被牠自己的選擇所辜負，也能夠優美地靜靜死去。你把**這樣的牠**握在手裡，舉在空中……然後放開了你的手。你沒有人性，我不想和一個沒有人性的人住在一起。」[3]

卡蜜兒對於自己因為一隻動物而遭到「犧牲」深感震驚。經過一陣憤怒的爭吵之後，卡蜜兒轉身離去，他們兩人的未來仍無定論。亞蘭筋疲力盡地癱坐在一張椅子上。突然間，莎哈「就像奇蹟一樣」出現在他身邊的藤桌上。「一時之間，充滿警戒的莎哈就像人一樣密切注視著卡蜜兒離去。亞蘭側身斜躺著，不予理會。他弓著一手的手掌，像獸掌一樣輕柔撥弄著剛長出來的帶刺八月栗。」[4]

結尾這段話濃縮了這部短篇小說的中心主題。亞蘭對莎哈的愛勝過他對任何人的愛，因此自己也變得有如貓一樣。那隻俄羅斯藍貓雖只受到間接描寫，卻是故事裡最完整的角色。卡蜜兒的嫉妒受到赤裸裸地揭露；莎哈的嫉妒則僅受到暗示。貓的勝利從一開始就明顯可見。

對於愛貓人而言，這是一則討人喜愛的故事。其中唯一的缺陷，就是莎哈的嫉妒心。貓也許會對別的貓感到嫉妒，但在我們眼中看起來像是嫉妒的表現，可能不過是牠們對於另一隻貓進入牠們的地盤而對牠們的習慣造成干擾所產生的反應。貓極少會因為自己的人類同伴的生活中多了另一個人而表現出嫉妒的模樣。狗可能會要求主人關愛自己，把全副注意力都放在自己身上。英國作家、編輯暨播音員艾克利（J. R. Ackerley）在他的回憶錄《杜莉與我》（*My Dog Tulip*, 1956）當中，憶述了他的狗兒同伴奎妮（Queenie）的強烈占有慾。[5]（那條狗在書中被改成別的名字，理由是「Queenie」一詞意為「娘娘腔」，有可能被視為在影射作者的性取向；但艾克利從來不曾隱瞞自己是同性戀者這項事實。）艾克利的這本回憶錄，是人與非人動物之愛的一份傑出記述，但奎妮如果是貓，這本書就絕對不可能寫得出來。

只要是和貓同住過的人，都知道牠們有可能享受我們的陪伴。牠們一旦仰躺著要求我們輕搔牠們的肚皮，便是對自己感到信任與喜愛的人暴露出自己身體最脆弱的部位。牠們喜愛我們的陪伴，也喜歡和我們玩。不過，這種關係和艾克利描述自己與奎妮之間那種獨占性的關係全然不同。貓經常會有幾個不同的家，每個都是由牠們自己所選擇，這些家都是牠們可以獲得食物與關注的地方。一條狗最親密的人類同伴如果離開一段時間，這條狗就會深感懊惱；但貓生活中最熟悉的人如果離開，牠們的反應看起來卻似乎是根本沒有注意到。貓也許會愛人，卻不表示牠們需要人或是覺得自己對人負有義務。

明恩最大的獵物

美國小說家暨短篇故事作家派翠西亞・海史密斯（Patricia Highsmith, 1921-1995）

創造了雷普利（Tom Ripley）這個不知道德為何物的殺手，是她的五部著作還有改編自這些著作的幾部電影當中的主角。除此之外，她也寫過一些遭受虐待的動物對人類復仇的故事。海史密斯的傳記作者威爾森（Andrew Wilson）針對這些故事寫道：「把動物擺在主角的位置，表達出牠們的心聲，海史密斯藉此打破了頌揚人類理性的西方哲學傳統。」[6]其中一則故事的主角是一隻蟑螂，居住在一家旅館當中，而牠認為自己和住宿在那家旅館的人類顧客一樣有資格稱為其中的住客。

有些人聲稱海史密斯筆下的雷普利是仿自她養的貓，而且據報她也把其中一隻貓稱為雷普利，就是以自己創造的這個心理病態的反英雄為名。不過，只有人類會有心理病態的問題。[7]貓有時候看來也許一派漠然，但那只是因為牠們表達情緒的管道是耳朵和尾巴，而不是臉部。牠們也會發出呼嚕聲來表達自己的感受。發出呼嚕聲通常表示牠們很開心，但不是一定：有時候也可能代表痛苦。無論如何，牠們的表達不會有欺騙的成分在內。

海史密斯對於非人類生物的同情乃是發自內心深處。她有一次行走在蘇活區，看見一隻受傷的鴿子倒在水溝裡；同伴告訴她那隻鴿子已經沒救了，但她還是明顯可見深感哀傷。她對於層架式養雞的殘酷做法深感驚恐，還說她如果能夠找出是誰割斷了當地一隻黑貓的尾巴，絕對會毫不猶豫向那個人開槍，「而且是一槍斃命」。她非常喜歡蝸牛，在薩福克郡（Suffolk）自己的花園裡飼養了許多，而且不時會在自己的手提包裡帶著上百隻蝸牛，連同一大顆萵苣。她後來搬到法國，還把一些寵物蝸牛藏在乳房下方夾帶入境。[8]她老年時期的看護員回憶指出，她會把不小心跑進家裡的蜘蛛帶回花園裡，並且確保那些蜘蛛沒有受傷。「人類在她眼中顯得很奇怪，她覺得自己永遠無法瞭解他們。也許這就是她會那麼喜歡貓和蝸牛的原因。」[9]一名長久以來的老友針對她這麼寫道：「至於一般的動物，她認為牠們都擁有各自的性格，而且舉止經常都比人類更端正，天生也比人類擁有更多的尊嚴與正直。」[10]

海史密斯年輕時為了自己的性取向深感苦惱，與一名試圖為她「治癒」同性戀傾向的治療師安排了精神分析療程。她一度似乎考慮踏入傳統婚姻當中。後來她陸續交往了許多女性愛人，也和一些男同志建立長久的友誼，但似乎沒有找到動物所帶給她的那種同伴情誼。她對於貓的愛非常熱烈，寫說牠們「為作家提供了某種人類無法提供的東西：一種不帶要求與侵擾的同伴情誼，就像平靜的海洋一樣，祥和寧謐又不斷變化」。[11]

在〈明恩最大的獵物〉（Ming's Biggest Prey）這則故事裡，海史密斯描寫一隻美麗的暹羅貓對女主人的愛人復仇。明恩偏好平靜的生活：

> 明恩最喜歡在家中的露臺，和牠的女主人一起躺在一張長長的帆布椅上曬太陽。明恩不喜歡的是她有時候邀請到家裡來的人。那些人會在這裡過夜，而且為數眾多，徹夜吃喝玩樂，播放留聲機或者彈奏鋼琴……那些人會踩到牠

的腳趾，有時候會在牠來不及反應之前就從背後把牠抱起來，牠不得不奮力扭動掙扎脫身。那些人會粗手粗腳地撫摸牠，還會無意間把門關上，把牠困在房間裡。**人哪！**明恩痛恨人。在全世界當中，牠只喜歡伊蓮。伊蓮愛牠，而且瞭解牠。[12]

後來，伊蓮的新歡泰迪在阿卡普科（Acapulco）外海的一場航行之旅試圖把明恩推下船，明恩因此決定反擊。他們在那天回到別墅之後，泰迪又再度想要除掉明恩，這一次是把牠從露臺上丟下去。明恩跳上他的肩膀，結果他們雙雙跌下樓。泰迪當場斃命，明恩只是嚇得不停喘氣而已。牠恢復平靜之後，在露臺的一個陰暗角落趴了下來，腳掌縮在身體底下，地板上仍有太陽曝曬之後殘留的餘溫：

> 底下傳來嘈雜的說話聲，還有腳步聲、穿越樹叢的聲音，接著是他們全部一

> 起爬上階梯而飄散上來的氣味，包括菸草與汗水的氣味，還有熟悉的血腥味，是那個人的血。明恩很滿意，就像牠獵殺一隻鳥而以自己的牙齒製造出這種血腥味那樣滿意。這是一頭大獵物。在完全沒有人注意到的情況下，明恩挺身站了起來，看著那群人抬著屍體走過牠身邊，然後揚起頭來深深吸了一口牠的勝利所散發出來的香氣。[13]

在故事的結尾，明恩和女主人一起在她的臥房裡。伊蓮輕撫著明恩的頭，捧起他的腳掌，輕輕擠壓，讓爪子露出來。「『噢，明恩——明恩，』她輕聲喚著。明恩認得她那充滿愛意的語調。」[14]

如同柯蕾特的故事，這也是一則對於愛貓人而言相當討喜的故事。這則故事從明恩的觀點述說，而牠從頭到尾都是迷人的角色。牠對人類雖然可能沒有特別的喜好，卻只有在泰迪企圖殺牠之後才認定泰迪是自己的敵人，而且明恩的復仇行為也大可稱為是自衛。明恩與伊蓮的關係比較不容易解讀。伊蓮無疑愛牠，但故事裡沒有說明牠是否也對她懷有同樣的情感，還是只是樂於和她相處。但如果是後者，這難道不也是一種愛？

貓科動物的愛由於許多原因而與人的愛有所不同。公貓與母貓之間的性接觸時間很短，雙方也不會因此共度一生。除了獅子會保護自己的幼仔之外，公貓完全不會參與養育子女。小貓一旦向母親學得必要的技能之後，就會離家自行生活。不過，貓之間的愛具有的特質是許多種類的人類之愛所欠缺的。貓的愛不是為了把自己的注意力從寂寞、煩悶或絕望當中轉移開來。牠們的愛純粹是出於衝動，也只投射在自己喜歡的對象身上。

海史密斯年輕時極為崇拜普魯斯特這位人類之愛的分析大師。她一直到二十幾歲都認為自己不只是作家，也是藝術家。而且，她終生都持續不斷創作油畫、素描與木雕。她的部分素描作品在她去世之後出版，其中許多都是畫貓，還有一張的標題是〈普魯斯特檢查自己的洗澡水〉（Marcel Proust Examining His Own Bathwater）。15

在普魯斯特的著作裡，人類之愛受到精細的解析。普魯斯特學者潔梅茵・布雷（Germaine Brée）寫道：

> 社會形成一種生物文化，個人可在其中嘗試各種相互接觸的方法……愛就誕生於其中……不過，以各種型態發展得最為興盛的東西，則是巴斯卡所謂的「轉移注意力」。
>
> 對於上流社會人士而言，「轉移注意力」是一種利用別人的技藝，目的純粹在於滿足自己的需求以及掩飾自己的煩悶。就情感而言，這樣的利用不論是對自己還是別人都不能承認。這就是為什麼普魯斯特筆下的人物會躲藏、掩飾，以及互相背叛。他們以各種藉口對自己還有別人撒謊，隱藏自己真正的

動機……這個社會群體有錢有閒，又完全不聽命於別人，因此他們只有一項根深柢固的渴望：保護自己免於存在的空虛，並且從貧瘠又令人不安的人生材料當中獲取一張令人安心並且能夠修飾自身容顏的面具……他們不想瞭解也不想知道，只想要獲得點綴和娛樂。[16]

如同布雷所示，普魯斯特對於愛的分析與巴斯卡對於轉移注意力的陳述帶有許多共通點。普魯斯特不同於巴斯卡之處，在於認為轉移注意力遵循著非人性的法則。愛是特定機制的產物，但愛人對於那些機制一無所知。至於迷戀與幻滅的鬧劇，則是顯示他們受制於自己無法理解也無法控制的力量。虛榮與嫉妒驅使他們進入一個想像世界，讓他們能夠忘卻自己老化的身體以及自己身在其上的那條通往死亡的道路。情慾之愛是機器的運作，而這種愛的機械性質即是具有救贖的力量。即便是最強烈的嫉妒與最令人無法釋懷的失望，都可讓人暫時擺脫空虛。

愛築起一道屏障，阻絕了知識，阻絕了對別人和對自己的理解，儘管這種理解可讓人類擺脫身為自己的壓力。

在這種普魯斯特式的分析當中，人類之愛比野獸的交配還更機械化。在愛當中，人類受到自我欺騙所支配的情形更甚於在其他任何情境當中。另一方面，貓的愛並不是為了欺騙自己。貓也許自我中心，卻不受虛榮所蒙蔽，至少對人是如此。牠們希望人給予牠們的，是一個可以讓牠們回歸正常滿足狀態的地方。人只要能夠給予牠們這麼一個地方，牠們就有可能會愛上這個人。

對莉莉的愛

小說家谷崎潤一郎（1886-1965）以描寫日本人的生活隨著該國的現代化所出現的轉變而著名。他大部分的作品都在扣問這樣的過程中是不是有可能流失了什麼。他認為有一個流失了的東西，是一種獨特的美感。在《陰翳禮讚》（1933）這部長篇散文裡，谷崎寫道：

我們不是在物體本身感受到美，而是在一件物體相對於另一件所產生的陰影模式、那種亮與暗當中感受到美。一件具有磷光的珠寶在黑暗中發出光芒與色彩，在日光下則會失去這樣的美。如果不是因為陰影，就不會有美的存在。[17]

谷崎潤一郎不是比較喜歡黑暗而不喜歡光亮。黑暗是光亮之美的一部分：

我們不會不喜歡一切會發亮的東西，但比起膚淺的光輝，我們確實比較喜歡帶有沉思性的光澤，這種黯淡的光芒不論是出自一顆石頭還是一件人工製品，都代表了一種古老的光彩⋯⋯但不論是好是壞，我們確實喜愛帶有汙垢、煤灰與風霜痕跡的東西，而且我們喜愛的色彩與光澤，都能夠讓人聯想到造就了這些結果的過往。[18]

這種美學觀點的一項特徵，就是對於完美的厭惡。西方美學當中有一股思想忍不住把美麗的事物視為非物質觀念的不完美化身。柏拉圖的神祕觀點造成西方哲學家把美視為一種超脫世俗的光彩。相較之下，谷崎潤一郎則是談及「汙垢的光芒」。[19]真正的美可見於自然界與日常生活之中。

谷崎潤一郎對於各式各樣的愛，以及這些愛揭露出的人類特質深感興趣。他對這項主題最細膩的探究，可見於他的小說《貓與庄造與兩個女人》。這部小說最早出版於一九三六年，後來改編成電影，其中的主角是一隻年老但優雅的三色貓，名叫莉莉。

故事的開頭是一封信，由其中一個女人寫給另一個。品子懇求前夫庄造的新任妻子福子把貓給她：

你只有一個東西是我想要的。當然，我的意思**不是**要你把**他**還給我。不是，我要的是一件更更微不足道的東西。我要的是莉莉……考慮到我所犧牲的一切，請求得到一隻小貓的回報難道會算太過分嗎？對你而言，牠只是一隻毫無價值的小動物，但對我卻能夠帶來極大的慰藉！……我不想表現得像個愛哭鬼，但我沒有莉莉實在是孤單得難以忍受……現在全世界已經沒有人想要再和我有任何關係了，唯一的例外只有那隻貓……

不願意放棄莉莉的不是你，而是**他**。沒錯，這點我很確定。他愛牠。他以前常說：「我也許可以沒有你，但絕對不可能沒有莉莉！」在餐桌上，他對莉莉的關注也遠多過我；至於在床上……親愛的福子，請你一定要小心。不要以為「哦，只不過是一隻貓而已」，不然你最後可能會發現自己敗給了牠。20

乍看之下，這則故事講述的似乎是三個人在他們相互的衝突當中把一隻貓當成武器。不過，莉莉對他們的意義卻遠比他們以為的還要大。這隻貓送到品子那裡之後，庄造感到一股難以承受的失落感。他決定偷偷到品子的家去看莉莉。他蹲伏在前妻屋外的一叢矮樹裡，注意到有一株植物當中偶爾會出現一個光點。「那個光點每出現一次，庄造的心就跟著怦怦而跳，希望那是莉莉的眼睛所發出的亮光：「『那是牠嗎？要是就**太棒了！**』」他的心跳加快，心窩感到一陣寒意：

說來奇怪，庄造從來不曾體驗過這種悸動與焦急的感覺，即便是在他和其他人的關係當中也沒有過。他唯一能夠做的就是和咖啡廳女侍打情罵俏而已。他最接近於談戀愛的經驗，就是當初瞞著品子偷偷和福子見面……但即便如

> 此……他和福子的婚外情也一直都缺乏一種認真的性質：他想要見到她或是和她會面的渴望，從來沒有像他現在想見莉莉的感受這麼強烈。[21]

由於擔心晚回家會和太太吵架，庄造因此離開了。不過，他沒有放棄嘗試見莉莉一面。第二天，他又回到前妻的住處。品子出門了，留下妹妹初子看家。初子帶庄造爬上一段陡峭的階梯，來到莉莉在其中休息的房間。房間裡因為窗簾拉上而顯得頗為陰暗，但他看得出莉莉趴在一疊座墊上，前腳縮在身體底下，半閉著眼睛。牠的毛皮光澤顯示牠被照顧得很好，身邊的一些米粒和一片蛋殼顯示牠剛吃完午餐。

看到莉莉安全健康，令庄造滿心感激。他聞了聞貓沙，內心不禁湧上一陣充滿愛意的哀傷。「莉莉！」他大叫一聲。莉莉沒有反應。接著，「〔那隻貓〕似乎終於注意到他的存在，睜開兩隻懶散無神的眼睛，朝著庄造的方向投射出一道極不友善的目光。除此之外，莉莉沒有任何情感表達。她把前腳更往身體底下縮，背部與耳朵底部的皮膚抽動了一下，彷彿感覺到冷，然後就再度閉上眼睛，臉上的表情表達出她需要睡覺，而且唯一需要的就只有睡覺。」[22]

庄造撫摸了她，但莉莉只是閉著眼睛趴著，一面發出呼嚕聲。品子必定很愛這隻貓，庄造心想。她現在很窮，但雖然如此還是把莉莉餵養得很好。莉莉的座墊比品子自己坐的座墊還厚。接著他聽到腳步聲，意識到品子回來了。庄造趕緊跑下樓梯，衝出屋外，剛好沒有和她碰到面。故事就這麼結束：「彷彿遭到某種可怕的東西追逐，他朝著相反方向全力奔跑。」

莉莉也許被牠生命中的人類當成武器，但牠卻是這四者當中唯一被愛的一個。庄造與他的前妻對莉莉的關愛，比他們對彼此的關愛還要多，或許也比他們對任何一個人的關愛還要多。他們對彼此的計謀都敵不過他們各自對這隻貓的愛。也許這種愛就像人與人之間大部分的愛一樣：都是讓人能夠逃離不快樂的一種慰藉。或許這種愛是對這隻貓本身的愛，結合了柔情與仰慕。至於牠對自己生命中的那些人有什麼感覺，我們不可能知道。在故事結尾，牠已經老了，最想要的就是睡覺。牠也許察覺到自己已經接近死亡。然而，莉莉仍然是房間裡的光芒，牠身邊那些人只是牠發亮的心智稜鏡當中的黯淡身影而已。

蓋提諾的失蹤

瑪麗・蓋茨基爾（Mary Gaitskill）精緻高雅的散文〈走失的貓〉（Lost Cat），則是描述了人與貓之間另一種不同的愛。[23]蓋茨基爾的散文和本章提及的其他故事不一樣：如同第一章談到傑克・勞倫斯針對梅奧所寫的故事，這篇散文也是一份回憶錄，記述了一隻真實存在的貓的生死事蹟。

蓋茨基爾出生於一九五四年，一九八八年以《不良行為》（*Bad Behavior*）這部短篇故事集在文學界打出名號。她在個人生活與財務方面掙扎起伏了許多年。她在少年時期遭到寄宿學校退學，被父母送進精神病院，接著又從那裡逃出。青年時期的她從事過各種短期工作，包括賣花、跳脫衣舞，也當過書店助理、夜班校對者、論件計酬的事實查核員等等。

她一度住在紐約一家著名的性虐待俱樂部樓上的廉價分租公寓，她的許多故事都在探討人類對於痛苦與羞辱的需求。其中一則故事被改編成《怪咖情緣》（*Secretary*, 2002）這部成功的電影，但蓋茨基爾認為這部片拍得「太可愛又太笨拙」。[24]在後來的中篇小說《追求快感的人》（*This is Pleasure*, 2019）當中，[25]她敘述了一名時髦瀟灑的圖書編輯總是以引發女性對於痛苦與懲罰的需求為樂，結果因為遭人指控他性侵自己手下的女員工而身敗名裂。

蓋茨基爾的作品中有一項一再出現的主題，就是人類之愛的矛盾性。人類希望藉由愛來擺脫煩悶、希望成為被喜愛被迷戀的對象以獲得慰藉、希望能有機會對自己和別人行使權力以及施加痛苦，希望體驗自我毀滅所帶來的興奮感。人與動物之間的愛沒有這些瑕疵，因此失去這種愛可能會比純粹人類之愛的終結更令人難過。

在〈走失的貓〉裡，蓋茨基爾談到自己養的一隻貓才七個月大就走失了。她當初到托斯卡尼拜訪一位把自己的莊園轉變為作家隱居地的文學界貴族，在當地發現了這隻貓。牠是鄰近一個農家裡三隻瘦弱小貓的其中一隻，看起來比另外兩隻還要虛弱，就這麼搖搖晃晃地走到瑪麗面前。牠的眼瞼因為眼睛分泌的黏液而幾乎閉合起來，是一隻軟綿綿的灰色虎斑貓，有著黑色條紋。「牠的下巴很長，鼻子也很大，形狀像是黏附在鉛筆末端的橡皮擦。在牠骨瘦如柴卻又大腹便便的身體上，那顆有著大鼻子的頭顱看起來就像妖精一樣，而且長長的四條腿也顯得近乎怪誕詭異。在牠枯瘦的屁股上，屁眼看似超乎比例得大。牠恍惚地任由我撫摸牠有如皮包骨一般的背部，然後試探性地舉起牠那條小得可憐的尾巴。」[26]在她後來的回憶裡，她記得這隻貓「弓著背，臉上帶有害怕但興奮的神情，渾身緊繃警戒，然後就一跳跑開，歪扭而伸縮自如的尾巴擺出挑釁的姿態……儘管牠當時餓得虛弱不已。這隻貓，牠真的很有膽識」。[27]

牠只有一隻眼睛看得見，但那隻眼睛也不是完全健康。瑪麗將牠取名為強斯（Chance；意為「偶然」）。「我喜歡強斯，就像我喜歡所有的小貓一樣；牠則是把我當成食物供應器那樣喜歡我。牠看我的眼神不帶任何好惡，彷彿我就只是世界上的另一個生物而已。」[28]過了一陣子之後，強斯開始會在瑪麗走進房間的時候抬起頭來，目不轉睛地注視著她。「我不敢確定那樣的眼神代表什麼意思；我不知道動物是怎麼思考或是怎麼感受，但我覺得牠看著我的眼神似乎帶有愛意。牠在公寓裡四處跟著我，我坐在桌前寫作的時候，牠也會趴在我的懷裡。牠會爬上我的床和我一起睡，還會輕咬我的手指哄自己睡覺。我撫摸牠的時候，牠會拱起身體迎合我的手。我的臉如果靠近牠，牠會伸出腳掌輕撫我的臉頰。」[29]

瑪麗的先生不喜歡強斯這個名字，瑪麗自己也不太確定這個名字好不好，於是他們把牠改名為麥菲特（McFate；帶有「命運」之意）。麥菲特的力氣愈來愈大，更發展出「一種獨眼的瀟灑姿態，耳朵呈現出專注而大膽的性質，脖子在牠脆弱的身體上則展現出英勇的態度。牠增添了體重，長腿和尾巴變得優雅，不再顯得怪誕。牠的咽喉處有鮮明的項鍊紋路；牠一旦仰躺著要讓我撫摸，即可見到牠的腹部呈米色，而且帶有斑點，就像美洲豹貓一樣。在充滿自信的心情下，牠就像是身穿阻特裝*的小匪徒」。然而，牠還是頗為嬌弱，於是瑪麗認定麥菲特「對於這麼一隻興高采烈的小動物而言，是太巨大又太無情的名字」，於是又把牠改名為蓋提諾（Gattino；義大利文詞語，意為「小貓」）。[30]瑪麗對她先生說，她想要帶著蓋提諾和他們一起回美國。她的先生感到困惑不解，她也知道很多人都會有這樣的反應。他們「會認為我的感受是一種神經質的表現，把我自己的需求投射到動物身上」。[31]

瑪麗決定帶蓋提諾一起回家的時候，在內心自問愛一隻動物更勝於受苦的人類會不會是錯誤的行為。她愛過人類，包括自己透過一項為都市裡的貧困黑人家庭提供幫助的專案而接待的兒童，還有她的父親，他在罹癌之後拒絕治療而死得極為痛苦。不過，這些愛都充滿糾結與挫折：

人類之愛帶有極大的缺陷，而且就算沒有這些缺陷，人也經常對愛有所誤解，予以拒卻、利用，或是操弄。你很難保護自己心愛的人免於痛苦，因為人經常選擇痛苦；**我**自己就是經常選擇痛苦的人。動物絕不會選擇痛苦；動物能夠輕易接受愛，可能比年幼的人類都還要容易。所以，我認為自己應該

＊譯注：阻特裝（zoot suit）是一種流行於一九四〇年代的男性服裝，特徵為寬大過頭的西裝外套搭配高腰老爺褲。

有可能以愛為一隻小貓提供保護。[32]

在那名貴族的莊園附近散步之時，瑪麗偶爾會想起自己的父親。她散步的時候會帶著一顆原本屬於父親的大彈珠。她雖然不是真的這麼相信，但還是不禁納悶父親的靈魂會不會有一部分重生於蓋提諾身上。一天晚上，那隻小貓躺在她的懷裡呼嚕嚕叫，瑪麗突然看到地板上有一顆天藍色的小彈珠從一座斗櫃底下滾了出來。「那顆彈珠很美，色彩明亮，有某個我看不見的東西推著它在地上滾動，看起來像是一個神奇而帶有寬恕意味的徵兆，就像這隻充滿愛的小貓一樣。」她把那顆彈珠撿起來，和她父親的彈珠一起放在窗臺上。[33]

為了取得寵物護照，瑪麗把蓋提諾帶去看獸醫。獸醫把牠關進一個籠子裡，隔壁是一隻大狗，不斷對著這隻小貓低吼狂吠。蓋提諾一開始躲在一張小床後面，接著則是以強硬的姿態面對那隻狗。「那是我第一次看到牠那種害怕不已但做好準備的神情，願意面對即將來臨的任何事物，不論有多麼大還是多麼凶猛。」[34]她後來踏上橫越大西洋的漫長返鄉之旅，蓋提諾就陪在她身邊，「從牠的提籠裡毫不畏懼地窺看著外面。蓋提諾**確實**毫不畏懼。牠在車上和飛機上都沒有叫，儘管牠自從前一天晚上就幾乎什麼都沒吃。牠耐心待在提籠裡，纖細的前腳以高貴的樣貌伸直於前方，以平靜而有自信的神情揚著頭看我……我要是放牠出來，牠一定會高舉著尾巴在走道上走來走去。」[35]

到達美國之後，她向家裡的其他貓咪介紹蓋提諾。牠以恭謹得體的姿態接近牠們，好好安頓了下來。後來這一家人搬到新住處，結果房東在屋裡留下滿地的垃圾，到處都是老鼠窩，而且爐灶也壞了。各種不順的事情開始陸續發生。瑪麗的護照不見了；她的丈夫把她送的一條項鍊弄丟了。此外，她也找不到自己在義大利撿到的那顆藍色彈珠。不過，蓋提諾非常喜歡他們的新家。牠在院子裡和其他貓兒一起玩耍，對於出門到街上完全不感興趣。就算牠跑到街上，瑪麗也認為牠很快就會找到回家的路，因為他們家正對著一片空曠的草地。

蓋提諾就是在這時候走失。瑪麗出門幾個小時回來之後，在黑暗中到處找牠，然後首度感覺到這幾個字鑽入她的腦海：「我好害怕。」她覺得蓋提諾能夠與她心靈相通。她想要回應：「不要擔心，待在原地別動，我會去找你。」但是她心中冒出的話語卻是：「我也很害怕，我不知道你在哪裡。」她擔心蓋提諾會因為感受到她的恐懼而覺得更加迷失，但是又克制不了自己。她張貼告示、寄發電子郵件，也請求附近一所大學的校園警衛幫她留意。過了三個晚上之後，另一個念頭鑽進她的腦海：「我好寂寞。」在第五個晚上，有一名警衛打電話給她，聲稱看到一隻又小又瘦的獨眼貓在一個垃圾桶裡覓食。這通電話是在凌晨兩點打來的，當時電話的鈴聲關掉了，所以瑪麗和家人都不知道有人來電。

然後，瑪麗決定去找一個朋友推薦的靈媒。這個靈媒對她說蓋提諾身限困境，已經奄奄一息。她描述了蓋提諾可能會在的地方，於是瑪麗到那裡去找尋了幾天幾夜。她在其中一個晚上找尋完畢之後，就在即將睡著的時候，腦子裡又再度冒出幾個字：先是「我要死了」，接著是「再見」。[36]

瑪麗起身吞下一顆安眠藥。兩個小時以後，她淚流滿面醒來。她問自己：

是誰決定哪些……死亡令人哀痛，而哪些又不然呢？是誰決定什麼重要，什麼不重要？關鍵在於數量，還是體積，還是智力？你如果是小動物或是小朋友獨自在痛苦中死去，可能不會記得或者知道自己很小。你遭受的痛苦如果夠強烈，可能連自己是誰或者是什麼都會不記得；你可能只知道自己所遭受的痛苦，而且是極大的痛苦……由什麼來決定，是常理嗎？常理能夠決定這種事情嗎？[37]

在蓋提諾死後一年，瑪麗還是持續找尋牠的蹤影。在找尋的過程中，她對人類的感受發生改變。她開車前往一家動物收容所確認蓋提諾是否有被人送去那裡，在途中於收音機上聽到一則故事，述說伊拉克一名醫學生在下車的時候遭到美國傭兵開槍擊斃，他母親隨即跳下車去抱他，結果也同樣遭到槍殺。她以前也聽過類似的故事，當時毫無感覺，但這次聽到卻不禁為之心碎。「這是失去那隻貓造成的結果；由於牠體型嬌小，又缺乏客觀的重要性，所以這種心碎的反應才有可能發生。」[38]

她的理智也掙扎不已。她找了另一名靈媒，那名靈媒說蓋提諾已經死了，可能是因為吃到有毒的東西而導致腎臟衰竭；接著她又打電話給再一個靈媒，對方說蓋提諾死得很平靜，蜷縮著身體，彷彿睡著了一樣。她又張貼了另一輪的告示，結果幾乎立刻有人打電話對她說自己看到一隻瘦小的獨眼貓。另一名警衛，「一個沉默寡言的中年人」，對她說自己在三個月前看過蓋提諾，但後來就沒有再看到了。「我最近不常看到貓，」他接著說：「但我可以告訴你我看到了什麼。有一隻很大隻的山貓，深夜都會在校園裡到處遊蕩，另外還有很多的郊狼。」他這麼說的意思明白可見。瑪麗認為這至少是動物可以理解的死法。[39]儘管如此，她卻覺得牠還是在。她有好幾個月都一直夢見牠。在夢裡，她會在院子裡呼喚牠，然後牠會像以前那樣應聲而至，「高舉著尾巴跑來，因為熱切而稍微跳躍個幾步，最後撲進我的懷裡。」[40]

當初她父親臨死的時候，瑪麗曾經問他一個問題。「『爸爸，』我說：『跟我說你哪裡難過，告訴我你有什麼感覺。』」她認為爸爸應該沒有聽到她的話，但覺得自己在深夜外出找尋蓋提諾的時候，在四下無人的情況下聽到了部分的答案。「我在那時候想到，我的貓走失不見說不定其實是上天以比較慈悲的方法回答我的問題。」[41]她心知這種感受有可能只是迷信，但又不是完全信服。在人類生命中，何謂真實與何謂想像其實難以確定：

如果有人叫我把大便抹在身上，然後到院子裡去打滾，而且那個人是貓咪專家，又提出具有說服力的論據，對我說這麼做**有可能**讓我的貓回來，那麼我說不定會照做。我不認為這種可悲的輕信易欺是「迷信思維」。我不認為這種思維和其他任何一種思維有多大的不同。實際上比較是事物已知且可見的秩序對我而言已變得難以接受（實際上是不再有意義），因為那種秩序完全不符合我這混亂心智的需求。其他種類的秩序開始對我變得明顯可見，開始滲透而入，把先前為人所知的破碎秩序編織在一起。我還是不知道這種拼湊起來的真實是否全然虛幻，是不是絕望的意志造成的結果，還是對某種真實存在的事物所做出的笨拙而局部的解讀，原因是那個事物比我眼睛可見的範圍還要大出許多。[42]

就在瑪麗對於找尋蓋提諾已不再抱有希望之時，她到蒙大拿州的一所大學舉行了一場朗讀活動。她的旅館房間俯瞰著一條河，有一天她看著一條狗被主人解開牽繩，隨即跳進水裡，「牠的四條腿因為興奮而大大張開。」她面露微笑，心中想著：「蓋提諾。」牠雖然已經死了，卻也存在於那四腿大張的狂喜跳躍當中。「這個念頭無疑是幻想，是自我欺騙，但那條狗卻不是如此。那條狗真實存在，就像蓋提諾一樣。」[43]

蓋提諾是否還存在於世界上並不重要，重要的是牠曾經存在過的事實以及牠所做過的事情。瑪麗對這隻貓的依戀完全不同於她對人有過的任何情感。交纏於人類之愛當中的虛榮、殘忍、悔恨與遺憾等情感，在她與這隻貓的關係當中都不存在。她對蓋提諾的記憶改變了她對自己父親的感覺，也改變了她對自己接待過的兒童以及那個遭到槍殺的伊拉克醫學生的感覺。這種來自於人類世界以外的愛，理清了她過往和其他人之間的愛。

在人與人之間，愛與恨經常混雜不清。我們也許深愛別人，但同時又憎恨他們。我們對別人感受到的愛可能會變得令自己厭惡，可能對我們的自由造成限制，而別人對我們的愛則可能會顯得虛假又不可信。如果我們在這樣的懷疑下還是持續愛對方，就可能會因此憎恨自己。動物可能對我們懷有的愛，以及我們對牠們的愛，則不會有這樣的扭曲。

失去蓋提諾幾乎令瑪麗無法承受，但牠的生命並不悲哀，不像人類生命可能會陷入的那種悲哀。蓋茨基爾寫道：

> 身為人終究就是身為輸家，因為我們全都注定會失去我們精心建構的自我認知、我們的體力、我們的健康、我們珍貴的尊嚴，最後是我們的生命。[44]

蓋提諾的生與死都是偶然，但牠不是輸家。在牠那段短暫、無畏而且不悲哀的生命當中，牠帶給了她一種沒有人能夠帶給她的東西。在那段時間裡，她不再受到快感與痛苦的法則所支配。她不再憎恨自己心愛的人，也不再為了自己心愛他們而憎恨自己。一隻看似微不足道的獨眼小動物，打破又重建了她的世界。也許蓋提諾終究真的是一隻神奇動物。

5 時間、死亡，以及貓的靈魂

穆里的道別

俄國宗教哲學家別爾嘉耶夫（Nicolas Berdyaev）在他的自傳結束之前，談到他多采多姿的人生中最深刻的一項經驗：

在巴黎解放的同時，我們失去了我們心愛的穆里，牠在深受病痛折磨之後死去。牠死前所受的痛苦，在我看來就是所有造物的苦難與煎熬；透過牠，我和所有的造物合而為一，並且等待著造物的救贖。令我深覺感動的是，在穆里臨死之前，我看著牠奮力走到莉迪雅（她自己原本就已身患重病）的房間，然後跳上她的床；牠前來向她道別。這麼說也許會讓人覺得奇怪或是好笑或是小題大作，但我極少會哭，卻在穆里死時痛哭了一場。一般人經常猜想著「靈魂的永生」，但我卻是為穆里祈求著永恆的生命。牠必須要有永恆的生命，任何不及於此的條件我都不接受。幾個月後，我又失去了莉迪雅……我無法接受死亡以及人類存有的悲劇性終結……生命如果不帶回我們所有的心愛對象，就根本不可能有生命可言。[1]

你必須看過先前三百頁的內容，才會知道穆里是別爾嘉耶夫的貓。這位哲學家竟然會因為穆里的死而如此哀痛，看來也許會令人感到奇怪。不過，別爾嘉耶夫可不是尋常的哲學家。不論在當時還是現在，他都與大多數人不同，曾經目睹一個看似恆久的人類世界凋零消失。

別爾嘉耶夫在一八七四年出生於基輔，當時烏克蘭仍是俄羅斯帝國的一部分。他是一個貴族家庭的獨生子，父親是自由思想家，對於宗教抱持懷疑態度，母親從一出生就是俄羅斯正教會信徒，但是對國教多所批評，而傾向於天主教。別爾嘉耶夫終生不斷抗拒任何對他的思考自由加以限制的嘗試。他依照家族傳統進入軍校就讀，但不久就轉往基輔大學修習哲學。如同當時的許多人，他也成了馬克思主義者，並且在一八九八年的一場示威活動中被捕，因此遭到退學。他接著為一份非法地下報紙工作，結果再度遭到逮捕，被判流放於沃洛格達（Vologda）三年。相較於反抗沙皇統治的人士，他遭受的懲罰已算是頗為輕微，與後來列寧還有史達林設立的集中營更是沒得比。

別爾嘉耶夫返回基輔以後，結識了詩人莉迪雅．楚雪夫（Lydia Trusheff）。他們兩人結為夫妻，餘生都以彼此為伴，而且搬到聖彼得堡居住。別爾嘉耶夫在這時雖已不再受馬克思主義吸引，但仍是異議分子，在第一次世界大戰與俄國革命之前的幾年間投入到那座城市的智識生活。這時候已成為宗教思想家的他，發表了一篇文章抨擊正教會的神聖會議對於偏離正統教條的僧侶施以處罰的做法。他以褻瀆的罪名被捕，遭判終生流放西伯利亞，但隨著布爾什維克政權上臺，這項刑罰也就沒有執行。

別爾嘉耶夫很快就與新政權發生衝突。他獲准授課與寫作，並且在一九二〇年被任命為莫斯科大學的哲學教授，但不久之後就以陰謀罪名被捕下獄。列寧手下令人聞之色變的祕密警察頭頭捷爾任斯基（Felix Dzerzhinsky）到他的牢房訊問他，結果演變為一場對於布爾什維克主義的激烈辯論。一九二二年九月，別爾嘉耶夫遭到蘇聯驅逐出境。

連同俄國知識界的其他著名成員，包括藝術家、學者、科學家與作家在內，他搭上了後來所謂的「哲學家汽船」，實際上就是布爾什維克政府僱用的兩艘船隻，要把麻煩的知識分子及他們的家人送到德國去。另外還有其他人，是由火車送往拉脫維亞的里加，或是以船隻從奧德薩載往伊斯坦堡。把知識分子遣送出境的計畫，似乎是出自列寧本身的想法。[2]

抵達德國之後，別爾嘉耶夫和妻子先是搬到柏林，接著又搬到巴黎，在那裡度過餘生。他是一位多產的作家，也參與了和其他俄國流亡分子以及法國知識界的許多對話。他在納粹占領期間持續寫作，寫成的書到了戰後才出版。他在一九四八年逝世於自己的書桌前，在距離巴黎不遠的克拉馬（Clamart）自宅裡。

別爾嘉耶夫關注的核心問題涉及時間、死亡與永恆。他寫道：

> 鑒於人類生命的短暫與無可避免的衰敗，以及每一項死亡、每一項離別、每一項背叛與每一項激情對人造成的致命創傷，我因此總是不禁訝異於人怎麼能夠指望人類發展的緩慢漸進，怎麼能夠指望人性的可靠，怎麼能夠指望對

於真理的理性訴求，怎麼能夠指望善的客觀標準，以及其他一切甜美的幻象。[3]

別爾嘉耶夫認為，如果死亡真的是終點，那麼生命就沒有意義。生命是一項奮鬥，致力於追求生命以外的意義，藉此救贖生命的空虛。別爾嘉耶夫異於尋常之處，在於他把自己心愛的貓納入這項奮鬥裡。

至於穆里本身則不太可能認為自己加入了這項追尋。貓沒有人類的那種恐懼，不會認為死亡是生命故事的終結，所以不需要有讓故事可以延續下去的另一個生命。然而，別爾嘉耶夫認為穆里察覺到自己即將離開和他住在一起的人類，這樣的想法可能是一項帶有充分根據的直覺。貓會知道自己的生命即將結束。多麗絲．萊辛（Doris Lessing）發現，貓對於生命的結束可能抱持欣然迎接的態度。

萊辛描述了她的黑貓罹患重病的反應：

牠的下巴和嘴都滿是白沫，是一種不容易擦除的黏膩泡沫。我幫牠洗掉之後，牠就回到角落蹲伏下來，眼睛盯著前方。牠端坐的方式帶有不祥的預兆：一動不動，充滿耐心，而且牠沒有睡著。牠是在等待……貓的死亡是出於自己的決定。由於血液的溫度，所以牠們會鑽進某個涼爽的地方，蹲伏下來，然後等待死亡降臨。

〔在貓醫院待了一夜之後，〕我把黑貓帶回家，牠就憔悴地輕步走進花園裡。那時已是初秋，氣溫頗為寒冷。牠在花園裡靠著冰冷的牆壁蹲伏下來，底下是冰涼的土壤，擺出前一晚那種耐心等待的姿勢。

我把牠抱進屋裡，放在一條毯子上，離暖氣機沒有太近，但牠還是返回花園裡：同樣的姿勢，同樣的那種耐心等待死亡的姿勢。

我把牠抱回屋子裡，把門關起來。牠爬到門前，在那裡蹲伏下來，鼻子對著門，等待著死亡。[4]

萊辛把那隻貓關在屋裡，然後在接下來的幾個星期每天每個小時照顧牠。那隻貓恢復了健康，幾個月後終於又回復牠原本的樣貌，「富有光澤，整齊潔淨，不斷發出呼嚕聲」。牠已經忘了自己生病的事情，但腦海中還保有獸醫診所診斷室的回憶，所以後來為了耳朵感染被帶回那裡治療的時候，就因此渾身發抖，接著僵住不動達幾個小時之久。

萊辛似乎有些內疚，覺得自己強迫了那隻貓，「違反牠的意志救回牠的性命」。萊辛最後下結論指出，那隻貓是「一隻正常的貓，有著正常的本能」。[5]

文明是一種否認死亡的方式

死後世界的概念隨著人類而出現。大約在十一萬五千年前，墳墓開始置入獸骨、花卉、藥草，以及羱羊角這類珍貴物品。到了三萬五千至四萬年前，世界各地的墳墓都開始放置完整的求生裝備，包括食物、衣服與工具。[6]人類是受到死亡所定義的動物。

隨著人愈來愈有自我覺察的能力，對於死亡的否認也愈來愈堅決。美國文化人類學家暨精神分析理論家貝克爾（Ernest Becker, 1924-1974）認為，人類對於死亡的逃避即是文明的驅動力。對於死亡的恐懼也是自我的來源。人類建構自我作為一種屏障，以免自己陷溺於那種無助的知覺，認知到自己將隨著時間過去而邁向滅亡。

比起大多數人，貝克爾的人生更是受到與死亡的邂逅所形塑。他在十八歲加入軍隊，後來他所屬的步兵營解放了一座納粹滅絕營。一九七三年十二月，罹癌住院瀕臨死亡的他，向前來探病的哲學家金恩（Sam Keen）說：「你正好見到我的彌留時刻。這個時刻正能夠驗證我針對死亡所寫的一切，我也可以藉著這個機會展現人是怎麼死的。」[7]貝克爾的理論提出於《否認死亡》（*The Denial of Death,*

1973），他也因為這部著作而在死後於一九七四年獲得追授普立茲獎。此外，這項理論也在他死後兩年出版的《逃離罪惡》（*Escape from Evil*）當中進一步發展。

人類致力於把注意力從他們處境的各種面向轉移開來，死亡是其中最具威脅性的一個。大多數人都無法忍受自己不存在的想法，但他們愈是想要忘卻這個念頭，就愈是執迷於其中。儀式也許能夠促使他們把這種痛苦拋在腦後，原因是儀式需要整個生物體的參與，不只是心智而已。要逃離焦慮，就必須透過貝克爾所謂的「神話—儀式綜合體」。他寫道：

> 神話—儀式綜合體是一種導引執迷的社會型態……這種綜合體會自動造就安全感並且驅除絕望，做法是讓人聚焦於他們臉部前方的鼻子。遭到絕望打敗主要不是活躍生物體的智力問題，而是藉由活動自我刺激的問題。超過一定程度之後，獲得更多的「知道」就不會再對人有所幫助，而是只有以一種半

忘我的方式生活以及行事才會有用……精神官能症即是設計私人的執迷儀式，以取代社會一致認同但現在已因為傳統社會消亡而流失了的儀式。傳統社會的習俗與神話為生命意義提供了一整套的詮釋，現成即可供個人使用；個人唯一需要做的，就是接受這樣的生活真實無虛。現代的精神官能症患者如果要獲得「治癒」，就必須要這麼做：他們必須欣然迎接一種活生生的幻象。[8]

貝克爾在這裡將傳統社會與現代社會區分開來，前者以集體儀式讓人類得以擺脫死亡的念頭，後者則是期待個人自行處理自己的焦慮。現代社會的現實是集體精神官能症，一再陷入徹底瘋狂。精神官能症與其說是疾病的症狀，不如說是自我療癒的嘗試。現代時期的極權運動就是這類嘗試。不過，人類的自我療癒無法讓自己擺脫自己已經成為的那種人：也就是孤獨的個體，雖然紛紛逃向集體歸屬的庇護，卻還是改變不了孤單的狀況。

理性推理又會導致現代精神官能症更加糟糕：

現代心智引以為傲的性質，正是瘋狂的性質。沒有人比瘋子更合乎邏輯，更關注因果關係的瑣碎小細節。瘋子是我們所知最卓越的推理者，而這項特徵即是他們挫敗的其中一項因素。他們所有的生命過程都退縮到心智裡面。有哪個東西是他們欠缺但理智的人擁有的？就是粗心大意、不理會外表，以及放鬆並且嘲笑世界的能力。他們無法鬆懈下來，無法像巴斯卡那樣把自己的整體存在都賭在一項異想天開的賭注上。他們無法做到宗教向來要求的事情：也就是相信一種看似荒謬的對自己生命的合理化論述。[9]

人類追求權力，好讓自己覺得彷彿逃離了死亡；而根據貝克爾的說法，這種衝動也是人類之惡的來源。殘酷的行為能夠壓抑任何死亡的念頭：

> 虐待行為自然而然吸收了對死亡的恐懼……因為積極操弄以及積極仇恨可讓我們的生物體專注於外在世界；這樣可將自我省思與對死亡的恐懼保持在低張力的狀態。我們一旦把別人的命運掌握在手裡，就會覺得自己是生死的主宰。只要我們能夠持續開槍，我們的心思就比較會放在殺人而不是被殺之上。或者，如同某個明智的黑幫分子在一部電影裡所說的：「殺手只要不再殺人，就會被殺。」[10]

如同貝克爾指出的，許多現代意識形態都是永生崇拜。俄國的布爾什維克主義含有一個強而有力的支系，認為克服生命的有限是革命的最高目標。後來列寧的遺體受到保存，參與其中的部分人士所抱持的目標就是要等到科技進展到足夠的程度之後再讓他復生。[11]現在，藉由科學打敗死神的做法在西方受到重新喚起，這種科技永生的其中一位著名倡導者是Google的工程總監庫茲威爾（Ray Kurzweil）。[12]

貝克爾的分析相當令人折服，但人面對死亡的態度充滿矛盾，而且也不是所有的宗教與哲學都是用於否認死亡的方法。在希臘的多神信仰當中，神明對於自己不受死亡羈絆的自由感到厭倦，而嫉妒起人類短暫的生命。神明干預人類世界除了是出於煩悶之外，也是為了懲罰人類生命有限的好運。隨著死亡而來的知覺消滅，是身為人類的一大特權。

其他宗教對於怎麼因應生命有限，則是抱持模稜兩可的觀點。從一個角度來看，佛教是一種逃避死亡的嘗試。你只要擺脫輪迴，就不必再死一次。但從另一個角度來看，佛教卻也是對於有限生命的追求。[13]所謂的獲得救贖，就是能夠擺脫人生的苦難。所以，你只要不再投胎轉世，就再也不必受苦。但是，靈魂如果不會輪迴呢？畢竟，佛陀的教誨指稱靈魂乃是幻象。你只要不轉世，就可以不必再受苦。這麼一來，你唯一一次的死亡即是徹底的終局。

在這個面向上，伊比鳩魯勝過佛教。目標如果是終結受苦，那麼所有生物就都確定能夠獲得救贖，因為所有生物都必將一死。不過，伊比鳩魯也同樣有其不一致之處。人如果想要擺脫受苦，自可一有機會就趕快終結自己的生命。奇怪的是，這位古代的智者卻沒有得出這樣的結論，而是只有在極端情境下才支持自殺。

人類也許會致力追求成為自決的個體，如同斯賓諾莎在其「conatus」理論提出的那樣。不過，人可能會對這樣的努力感到厭倦，從而想要終結自己的生命。在不選擇自我毀滅的情況下，許多人都受到特定的哲學思想吸引，這類思想主張人的獨特個體性將會消失。可能是與某種形上實體融合，例如柏拉圖的善的理型，或是某種世界靈魂。或者也可能是像叔本華這樣的哲學思想，承諾自我會煙消雲散化為虛無。

大多數人都覺得身為個人是一種負擔，因此歷史上有許多哲學是為了減輕此一負擔而發明出來的結果。別爾嘉耶夫知道共產主義的部分吸引力就在於能夠讓人擺脫獨處的狀態，而今天的自由主義也迎合了類似的需求。你如果是獨特的靈魂，和其他的靈魂完全不同，那麼你的歷史和命運就完全屬於你自己所有。不過，如果你是朝著某種普世人類一體性而邁進，那麼你就不再孤單。如此一來，你的人生就屬於某個龐大的故事，某個集體人類自我實現的寓言。就算身為個人的你死亡之後永不復生，你的生命意義也不會丟失。

不過，不是所有人都害怕死亡，有些人可能還反倒想要死。有少數人希望自己從來不曾出生。他們的「conatus」受到這個世界阻撓，因此想要取消自己的存在。他們樂於見到自己的生命被徹底抹滅。

哈代（Thomas Hardy）在〈黛絲的哀歌〉（Tess's Lament）這首詩裡想像了一個這種類型的人。這首詩可以視為是對他的小說《黛絲姑娘》（*Tess of the d'Urbervilles*, 1891）所提出的評論。在那部小說裡，一名鄉下女子努力克服自己的處境以彰顯自我，最後卻因為殺了自己的愛人而遭到絞刑處死。黛絲檢視自己的人生，希望這條生命能夠徹底消失：

想到這點實在令我深感疲憊，
深感疲憊；
我無法忍受自己既定的命運，
寧可不要有這條生命；
但願我的回憶化為烏有，
我留下的所有遺物朽爛消沒，
我的所作所為彷彿從來不曾有過，
徹底抹滅我的一切蹤跡！[14]

黛絲想要的不是死亡，而是從世界上消失，彷彿她從來不曾存在過一樣。

貓如果能夠回顧自己的生命，牠們會不會也希望自己從來不曾活過？實在很難這麼認為。貓不會為自己的生命編寫故事，所以不可能認為自己充滿悲劇或是希望自己從來不曾出生。牠們把生命當成贈禮而欣然予以接受。

人類則不一樣。人類和其他動物不同，願意為自己的信念而死。一神論者與理性主義者認為這點展現了人類的優越性，表示我們活著是為了理念，而不只是為了滿足本能的需求。不過，為理念而死如果是人類獨有的行為，那麼為理念而殺人也同樣是如此。為了荒謬無稽的理念殺人以及死亡，就是許多人為自己的生命賦予意義的方式。

把自己和一項理念畫上等號，即可感覺自己受到保護免於死亡。如同受到理念附身的人類，理念也會誕生以及死亡。理念雖然可能存活好幾個世代，但終究還是會老化以及消逝。然而，人只要著迷於一項理念，就會成為貝克爾所謂的「活生生的幻象」。把自己和一項稍縱即逝的奇想畫上等號，人即可想像自己不受時間宰制。殺害那些不與自己懷有相同理念的人，他們即可相信自己征服了死亡。

身為掠食者，貓必須獵殺才能存活。母貓願意為自己的小貓而死，而且貓也經常為了逃離監禁而不惜犧牲生命。牠們和人類不同的地方，在於牠們不會為了達成任何種類的永生而剝奪其他生物以及自己的性命。貓咪界裡沒有自殺戰士。貓如果想要死，原因就是牠們已經不想再活下去。

維根斯坦寫道：

如果永恆不是被解讀為無盡的時間長度，而是不受時間影響，那麼活在當下的人即是擁有了永恆的生命。[15]

由於人類認為他們能夠想像自己生命的終結，所以就認定自己比其他動物更瞭解死亡。不過，人類對於自己未來的死亡所懷有的理解，其實是他們對時間流逝的知覺而在心目中產生的一種形象。貓只知道自己當下過著的生活，所以牠們是生命有限的永生生物，只有在死亡即將降臨在牠們身上的時候才會想到死亡。我們不難看出牠們為什麼會受到崇拜。

被視為神明的貓

貓體現了人類從來不曾體驗過的自由與幸福，所以在人類世界裡顯得格格不入。牠們如果被視為「不自然」的生物，原因是牠們依據自己的天性而活。由於人類當中看不到這樣的生活，所以貓也就因此被視為惡魔或是神明。

要瞭解古埃及對貓的崇拜，就必須把我們今天視為理所當然的概念擺在一旁。如同馬勒克（Jaromir Malek）所寫的：

我們基於本能而在人與動物之間做出的區別，以前的人並沒有那麼強烈的感受，而且「動物」這個類別在以前實際上也不存在。用另一個方式來說，「生物」包括神明、人與動物。有一份記載於沙巴卡（Shabako, 716-702 BC）在位期間，但可能早在西元前二千多年就已寫成的神學論文，把造物神卜塔（Ptah）的心臟與舌頭描述為存在於「所有的神明，所有的人，所有的牛隻，所有的蠕蟲，所有的生物當中」。動物就像人一樣，也是由這位造物神創造而成，各以自己的方式崇拜祂，並且受到祂的照顧。在某些特殊案例當中，牠們與這位神明的關聯可能比人還要緊密。[16]

我們思考古代民族的方法，深受十九世紀的進步迷思影響。羅梅爾（John Romer）在一部開創性的古埃及史著作當中簡明呈現了這種迷思：

〔埃及〕考古史學家的長時間敘事……是一種普世的偽演化進步過程，一路從原始經由野蠻而到麗池飯店。[17]

在這種理性主義迷思當中，古埃及是沉溺於魔法思考的社會。這個古老時期的人無法辨別自己的思維與自然界之間的差異，於是模糊了生與死、神明與政府的界線。不過，這麼做乃是把我們自己的想法與信念投射到這些古代人身上。

古埃及人完全沒有我們認為何謂人的這種現代概念。當時的人類在世界上並沒有一種其他動物缺乏的特殊地位。後來認為人類心智最接近於神聖心智的這種希臘與羅馬概念，在當時一樣不存在，連同任何「宗教」概念也是如此。現代人把敬拜神的神聖場域和日常生活的「世俗」區域區分開來的這種做法，在當時也不存在。你要是詢問一名古埃及人信奉什麼宗教，對方一定聽不懂你在說什麼。

由一神論產生的超自然界這種觀念，在當時也一樣不存在。埃及人承繼了泛靈論傳統，認為世界上充滿神靈。在這種傳統當中，人類並不比其他動物來得優越，世界上也不存在著無知覺的物質與無形的靈魂這兩種全然不同的秩序，而是只有一套動物與人類的靈魂同屬其中的秩序。我們許多最根本而且看似不證自明的思想範疇在當時都還不存在。

在過去幾個世紀的哲學思想當中，人類文明以莊嚴的行進姿態大步進展，歡欣鼓舞地達到我們當今的狀態。古代的心智受到現代心智所取代。神話與儀式讓位給科學解釋與實用推理。任何認為貓是神奇動物的想法，必然是原始過往的一部分。

然而，人類心智自從遠古時代以來就沒有太大的變化，而且認為我們與古埃及人頗為不同的想法本身其實就相當原始。我們擁有的知識遠多過他們，對於物質世界的各個面向施予影響的力量也遠大於他們，但我們並沒有因此就比較不熱衷於建構迷思。

一項過時的進步迷思一旦受到拋棄，對於貓咪崇拜的不同觀點就會隨之浮現。貓在古埃及是經由一項自然的過程而成為神明。一如在近東地區一樣，牠們先是與人類開始互動，接著再與人類一起生活。

在西元前四〇〇〇年左右，野貓遊蕩進入埃及人的聚落，發現糧倉裡躲藏了齧齒動物與蛇，於是就在其中獵食起來。在接下來的兩千年間發展出一種共生關係，貓得益於可靠的食物來源，人類則得益於害蟲減少。從西元前二〇〇〇年以來，貓進入了家戶當中，並且獲得人類接受為同伴。「這麼一來，」馬勒克寫道：「貓終於成為一種馴化動物；說得更精確一點，是貓馴化了自己。」[18]

阿拜多斯（Abydos）是位於上埃及的一座中王國時期墓園，時間可追溯到西元前一九八〇至一八〇一年間。在其中一個小墳墓裡，有十七具貓的骨骸在一排小罐子旁邊，那些罐子原本可能裝有牛奶。如果真是如此，那麼這就是成年貓以這種方式餵食最早留下的紀錄。[19]在西元前一〇〇〇年至西元三五〇年之間，貓開始被視為神明的化身，尤其是女神巴斯特（Baster），並且由廟宇的養貓場飼育。西元前一二五〇年，一塊刻繪了兩隻貓的石碑（經常矗立在大型廟宇後方的圓頂石板）代表著普利（Pre；即太陽神拉〔Ra〕）。這塊石碑刻有一首詩，歌頌對象似乎同時包括「偉大的貓」與太陽神：

頌揚偉大的貓，
親吻著大神普利面前的土地：
啊，回歸平靜的平靜之神，
你讓我看見你造就的黑暗。
點亮我，好讓我能夠看見你的美，轉向我，
啊，處於平靜下的美麗之神，
知道如何回歸平靜的平靜之神。[20]

原本是家庭助手與同伴的貓，成了好運的預兆以及神聖的動物。具有貓咪圖案的護身符被人戴在身上或是衣服上。到了新王國時期（西元前一五四〇年以後），皇室陵墓裡開始繪上貓的圖案，顯示牠們每晚護衛著太陽神穿越冥界。在這個時期的「來世之書」當中，貓被描繪成為太陽神監看敵人，並且在太陽神返回生界與光明的旅程中必須穿越的最後大門旁擔任守衛。雕像顯示貓伴隨著神明，為神明提供支持或護衛。人類偶爾也會出現，跪下膜拜著貓。

到了西元前第四世紀，赫爾莫波利斯（Hermopolis）的大墓地裡有一座「活貓廟宇」，附近還有一座貓咪木乃伊的大墓園。貓不是唯一受到木乃伊化處理的動物，還有狐獴、朱鷺、禿鷲、老鷹與鱷魚，當然也有人類。不過，受到木乃伊化的貓數量極大。到了十九世紀末，這些木乃伊紛紛被一船船運到歐洲。不過，隨著市場上供過於求，貓咪木乃伊於是經常被當成肥料甚至是船隻的壓艙物，結果許多都因此毀壞或者遺失。

希羅多德寫道，埃及人如果家中失火，他們最擔憂的是自己的貓，而不是財產。一個羅馬代表團在西元前五十九年到訪埃及，其中一名成員無意間殺了一隻貓，結果雖然國王出面干預，那個人還是遭到私刑處死。埃及智者安赫舍順克（Ankhsheshonq）也曾經警告指出：「不要嘲笑貓。」[21]

貓在一神論者當中的名聲頗差：第二世紀的基督教神學家克里門（Clement of Alexandria）就抨擊過埃及人在廟宇裡崇拜貓的做法。不過，有些有神論的傳統抱持比較尊重的態度：義大利天主教修士亞西西的聖方濟（Saint Francis of Assisi, 1182-1226）認為對於神的造物所懷有的愛，包含了對於所有生物的愛；猶太律法的內容要求人以慈悲心對待動物，包括一項有三千年歷史的命令，規定農場動物必須獲得一天的休息。先知穆罕默德據說曾經割下一段袖子，以免吵醒趴在那段袖子上睡覺的貓。中世紀蘇丹拜巴爾一世（Baibars, *c.* AD 1123-1277）遺贈一座花園，用於收容開羅的流浪貓。

貓在古埃及具有許多身分：有時候是陪著人類前往來世的同伴，有時候是神明的化身，又有時候則是神明的保護者。牠們能夠同時扮演這些不同的角色，見證了古埃及人心智的細膩。不過，這點也證明了貓本身的存在感。在一個滿心關注死者的世界裡，貓代表了對於生命的肯定。埃及宗教對於死亡的前景所做出的回應，就是為來世預做準備，但是需要貓在死後的那個世界裡保存一股活著的感覺。貓只知道活著的感覺，只有到瀕死之際才會意識到死亡的存在，所以牠們不受死亡所支配。埃及人希望自己在進入冥界的旅程中能有貓的陪伴，理由確實相當充分。

就死亡而言，人與貓乃是在同一條船上。古埃及沒有人認為人類擁有靈魂而貓沒有。不過，如果靈魂不受死亡影響，那麼貓的靈魂接近永生的程度絕對是人類靈魂永遠比不上的。

6 貓與生命意義

貓如果能夠理解人類對於意義的追尋，必定會對這種行為的荒謬發出欣喜的呼嚕聲。身為貓的生活對牠們而言就已經具有足夠的意義。另一方面，人類則是忍不住尋求超出自己人生以外的意義。

對意義的追尋隨著對死亡的知覺而來，而對死亡的知覺則是人類自我意識的產物。人類害怕自己的生命結束，於是發明了宗教與哲學，讓自己人生的意義能夠在他們死後持續下去。不過，人類創造的意義很容易破滅，導致他們活在比以前更深的恐懼當中。他們為自己編造的故事占據了支配地位，於是他們把時間完全投注於成為他們為自己發明的那個人物。他們的人生不屬於他們自己所有，而是屬於一個由他們的想像力所幻化出來的人物。

這種生活方式造成的一個後果，就是人類可能會因此執迷於自己的故事遭到干擾的時刻。他們可能會失去心愛的人、發現自己的人生陷入危險，或是被迫離開自己的家。把自己的人生轉變成悲劇故事的人，其實是針對無可挽回的損失這種經驗做出因應。不過，這樣的因應方式有其代價。把自己的人生視為一場悲劇雖然可能會為其賦予意義，卻會把你和你的悲傷綁在一起。

貓有可能遭遇極大的痛苦，牠們的生命也有可能被殘暴地截斷。梅奧的一生有許多的恐怖經歷，而這些創傷回憶一旦被喚起，就會回到牠的腦海中。蓋提諾在生命的開端遭受痛苦折磨，在生命的結尾很可能也是如此。這兩隻貓都經歷過許多痛苦，但牠們卻都不知道什麼叫作悲劇。儘管承受了那麼多的苦難，牠們卻還是懷著無懼的喜悅活著。人類能夠這樣活著嗎？還是人類太過脆弱，承受不了這樣的人生？

貓的天性，人的天性

有許多人都想要把人類天性的概念從辭典當中刪掉。他們說，人類創造了自己。人類和動物不一樣，人類想要成為什麼就可以成為什麼。談論人類的天性，就是限縮了這種自由，導致人類受制於武斷的常規。

這種想法稱為後現代主義，由布希亞（Jean Baudrillard）與羅逖（Richard Rorty）這類思想家所倡導，而且有許多不同版本。在早期的沙特筆下，存在主義的觀念認為人類沒有天性，只有他們為自己創造的歷史。浪漫主義者希望每個人的人生都是一件藝術品，是從無中創造而來（他們認為最傑出的藝術品就是如此）。不過，人類如果和其他生物一樣是演化隨機產生的結果，那麼他們怎麼可能創造自己的天性？人類動物確實為自己創造了一種人造的天性。巴斯卡寫出的以下這段話，有一部分就是這個意思：「習慣是一種第二天性，能夠摧毀第一天性。但何謂天性？習慣為什麼不是自然而來的天性？在我看來，天性本身恐怕只是第一習慣，就像習慣是第二天性一樣。」[1]不過，這個第二天性可能比巴斯卡認為的膚淺許多。

俄國作家沙拉莫夫（Varlam Shalamov）在北極圈內的古拉格勞改營存活了十五年。在那裡，冬季氣溫經常降到攝氏零下五十度以下，平均壽命只有三年左右。他觀察指出，只要幾個星期的極度寒冷、饑餓、過度勞動以及毆打，就足以摧毀任何人的人性。在沙拉莫夫的記述當中，除了零星的仁慈舉動之外，完全看不到「人類精神」的韌性。只有非人類的動物展現了善心：例如熊和紅腹灰雀刻意吸引獵人的目光好讓自己的伴侶逃走，或是對警衛吠叫而保護囚犯的哈士奇，還有幫助囚犯捉魚的貓。

人類可以很快喪失人性，但貓卻永遠都會是貓。不過，人類認為自己擁有的天性如果是由短短幾個星期內就有可能崩垮的習慣構成，那麼人類還有什麼東西是真正屬於他們所有的？

與後現代主義者的想法相反，實際上的確有人類天性這種東西。別的不提，對於意義的普世需求就是人類天性的一種表達。不過，人類天性造就了許多分歧甚至是對立的生活型態。人類天性如果這麼充滿矛盾，怎麼有人能夠知道自己的天性是什麼？認為我們每一個人都有屬於自己的天性這種想法，會不會只是另一種形上的虛幻想像？

個人天性這種虛幻想像當中所帶有的真理，就是每一個人的美好人生都不是出於選擇，而是發現得來。就算我們的美好人生來自於我們認為是自己做出的決定，我們的經驗也不是由我們所決定。美好人生不是你想要的人生，而是能夠讓你獲得充實的人生。剝除了形上學之後，這就是斯賓諾莎的「conatus」概念以及道家認為我們必須跟隨內在之道的想法。

我們在這方面和其他所有生物都是一樣的。人類不高於其他動物，也不低於牠們。沒有所謂的宇宙價值尺度，也沒有存在的位階鎖鏈（great chain of being），沒有外在標準可以判斷生命的價值。人就是人，貓就是貓。差別在於，貓雖然沒有任何需要向我們學習的地方，我們卻可以向牠們學習怎麼減輕身為人所背負的重擔。

我們可以放下的一項重擔，就是認為可以有完美的人生。我們的人生不是必然不完美。我們的人生其實比任何完美的概念都還要豐富。美好人生不是你可能有過或者在未來可能會擁有的人生，而是你當下擁有的人生。在這一點上，貓可以當我們的老師，因為牠們並不渴望自己所沒有的生活。

貓帶給我們的十項生活建議

貓對於教導人類怎麼生活沒有興趣，而且就算牠們有這種興趣，也不會提出誡命來教我們。然而，我們還是可以想像貓能夠為我們提供一些建議，教我們怎麼不要活得那麼彆扭。明顯可見，牠們不會預期我們奉行牠們的忠告。牠們會以說笑的方式提出建議，當作一種自娛娛人的方法。

一、絕對不要想說服人類講理

想要說服人類講理，就像是想要教導貓咪吃素一樣。人類使用理性強化他們自己想要相信的事物，而極少是用來確認自己相信的事物是否真實。這點也許不幸，但不管是你還是其他任何人對此都無能為力。人類的不講理如果令你感到挫折或是對你造成危險，就轉身離開吧。

二、抱怨自己沒有足夠的時間是愚蠢的事情

你如果認為自己沒有足夠的時間，那麼你就是不知道怎麼度過時間。做一件對你的目標有所助益又能夠讓你樂在其中的事情，並且就是為了做那件事而做。只要以這種方式生活，你就會擁有充足的時間。

三、不要在自己的痛苦當中尋求意義

你如果不快樂，也許會在自己的苦難當中尋求撫慰，但這麼做恐怕會把苦難變成你的人生意義。不要對你的苦難產生依附情感，也要避開這麼做的人。

四、寧可對別人漠不關心，也不要覺得你必須愛他們

極少有什麼理想比普世之愛更加有害。比較好的做法是培養漠不關心的態度，因為這種態度有可能轉變為和善的姿態。

五、把追求幸福拋在腦後，這樣你就有可能感到幸福

追求幸福（快樂）不會讓你感到幸福，因為你不知道什麼東西會讓你幸福。只需要做自己覺得最有趣的事情，這樣你就會在對幸福一無所知的情況下感到幸福。

六、人生不是一則故事

你如果把自己的人生想成一則故事，就會忍不住想要一路寫到結尾。但是你不知道自己的人生會怎麼結束，也不知道在結束之前會發生什麼事。把劇本丟掉會是比較好的做法。尚未寫定的人生比你能編出來的任何故事都更值得活。

七、不要害怕黑暗，因為大多數珍貴的事物都可以在夜裡找到

你向來受到教導要三思而後行，這項忠告在大部分情況下也確實沒錯。依據你當下的感受而採取行動，大概就和遵循你不經思考即予以接受的老掉牙哲學思想一樣糟糕。不過，有時候跟隨在陰暗中閃爍的直覺會是比較好的做法。你永遠不會知道那樣的直覺會把你帶到哪裡去。

八、為了睡覺的樂趣而睡

為了醒來能夠更認真工作而睡，是一種悲慘的生活方式。要為了樂趣而睡，不要為了利潤而睡。

九、對於主動提議要讓你幸福的人一定要小心

主動提議要讓你幸福快樂的人，目的是為了減少自己的不幸福。你的苦難對他們而言是必要的，因為一旦沒有你的苦難，他們就會少了一些活下去的理由。不要信任聲稱自己為別人而活的人。

十、你如果學不會比較像貓那樣生活，不必遺憾，只要返回轉移注意力的人類世界即可

活得像貓意指完全不渴求自己生活以外的事物，也就是過著沒有慰藉的生活，而這樣的生活有可能讓你無法承受。若是如此，那就信奉老式的宗教吧，最好是一個充滿儀式的宗教。你如果找不到適合你的信仰，那就讓自己融入於一般人的生活當中。浪漫愛情所帶來的興奮與失望、對於金錢與野心的追求，還有政治的鬧劇和新聞的紛擾，很快就會把空虛感消除殆盡。

窗臺上的梅奧

貓咪哲學家絕不會鼓勵人類尋求智慧。你如果沒辦法從生命本身獲得樂趣，就在變化無常與幻象當中尋求滿足吧。不要抗拒對於死亡的恐懼。任由那樣的恐

懼死去吧。你如果渴求平靜，將會永遠身陷於動盪之中。與其背離世界，不如回頭擁抱這個世界的愚蠢。

你可能偶爾會想要回歸自己。看著這個世界而不致力將之納入自己的故事裡，就是許多傳統所謂的冥想。你一旦能夠看著事物而不產生加以改變的渴望，即可讓自己窺見永恆。每個時刻都是完整的，而且變動的場景也會揭露在你面前，彷彿存在於時間以外。永恆不是一套不同的秩序，而是以不帶焦慮的眼光看待世界。

對人而言，冥想是暫時擺脫生活的一種休息；對貓而言，冥想是生命本身的感受。梅奧總是活在危險當中，有許多時間都是看似毫不牢靠地蹲踞在窗臺上。牠沒有在自己俯瞰的那個世界當中尋求意義。貓向我們展示了這一點：尋求意義就像是追尋幸福快樂一樣，只是一種令人分心的活動。生命的意義就是一個觸碰、一道香氣，其到來出於偶然，在你注意到之前就已消失無蹤。

謝誌

我在企鵝出版社的編輯 Simon Winder 持續不斷鼓勵我。他與同事 Eva Hodgkin 提出的意見，為本書帶來的改善實在是無可估量。我在 Wylie Agency 的經紀人 Tracy Bohan 與她的同事 Jennifer Bernstein，從本書開始構思就一直為我提供充分的支持與協助。多年來，Adam Phillips 深深激起我對本書各項主題所從事的思考，而他提出的意見也極為珍貴。至於和 Bryan Appleyard、Robert Colls、Michael Lind、Paul Schutze、Geoffrey Smith、Sheila Stevens 以及 Marina Vaizey 的談話，則幫助我寫出了這本書。

四隻貓各自有其不可或缺的貢獻。其中兩隻是緬甸貓姐妹，分別名為 Sophie 與 Sarah，另外兩隻是伯曼貓兄弟，名叫 Jamie 與 Julian；牠們在將近三十年的時間當中都是備受鍾愛的同伴。在我撰寫本書的時候，Julian 已經二十三歲，仍然樂在生命當中。

一如以往，我最深深感謝的對象是我的太太 Mieko。如果沒有她，這一切都絕不可能發生。

約翰．葛雷

注釋

一、貓與哲學

1 我討論過這種看待宗教的理性主義觀點，見 *Seven Types of Atheism* (London: Penguin Books, 2019), pp. 9-14。

2 Arthur Schopenhauer, *The World as Will and Representation*, vol. 2, translated by E. F. J. Payne (New York: Dover Publications, 1966), pp. 482–3.

3 見 Peter Godfrey-Smith, *Other Minds: The Octopus and the Evolution of Intelligent Life* (London: William Collins, 2017), Chapter 4, 'From White Noise to Consciousness', pp. 77–105.

4 我探討過宇宙演化的觀念，見*The Immortalization Commission: The Strange Quest to Cheat Death* (London: Penguin Books, 2012), pp. 213–19.

5 關於人類可能是宇宙間唯一有意識的個體這種觀點，見James Lovelock, *Novacene: The Coming Age of Hyperintelligence* (London: Allen Lane, 2019), pp. 3–5.

6 Michel de Montaigne, *An Apology for Raymond Sebond*, translated and edited by M. A. Screech (London: Penguin Books, 1993), p. 17.

7 Montaigne, *Apology for Raymond Sebond*, pp. 16, 17.

8 Sextus Empiricus, *Outlines of Scepticism*, edited by Julia Annas and Jonathan Barnes (Cambridge: Cambridge University Press, 2000), pp. 5–6.

9 Montaigne, *Apology for Raymond Sebond*, p. 53.

10 Montaigne, *Apology for Raymond Sebond*, p. 54.

11 關於維根斯坦的順勢療法哲學／反哲學觀念，見K. T. Fann, *Wittgenstein's Conception of Philosophy* (Singapore: Partridge Publishing, 2015)。在附錄裡，Fann探究了維根斯坦後期著作與道家之間的部分近似之處（見pp. 99-114）。蒙田在哲

學方面的懷疑論，解釋於Hugo Friedrich, *Montaigne*, edited with an introduction by Philippe Desan, translated by Dawn Eng (Berkeley, CA: University of California Press, 1991), pp. 301–9.

12 John Laurence, *The Cat from Hué: A Vietnam War Story* (New York: PublicAffairs, 2002), p. 23.

13 Laurence, *The Cat from Hué*, p. 496.

14 Laurence, *The Cat from Hué*, p. 489.

15 Laurence, *The Cat from Hué*, p. 485.

16 Laurence, *The Cat from Hué*, pp. 491, 498–9.

17 Laurence, *The Cat from Hué*, p. 498.

18 Laurence, *The Cat from Hué*, p. 820.

19 Laurence, *The Cat from Hué*, p. 822.

20 Laurence, *The Cat from Hué*, p. 822.

21 關於貓咪馴化的一份權威性記述，見Abigail Tucker's *The Lion in the Living Room:*

How House Cats Tamed Us and Took over the World (New York and London: Simon and Schuster, 2016), pp. 31–5.

22 Tucker, *The Lion in the Living Room*, p. 32.

23 Tucker, *The Lion in the Living Room*, p. 47.

24 Elizabeth Marshall Thomas, *The Tribe of Tiger: Cats and Their Culture*, illustrated by Jared Taylor Williams (London: Orion Books, 1995), p. 3.

25 See Peter P. Marra and Chris Santella, *Cat Wars: The Devastating Consequences of a Cuddly Killer* (Princeton, NJ: Princeton University Press, 2016), p. 19.

26 Carl Van Vechten, *The Tiger in the House* (New York: Dover Publications, 1996), p. 75.

27 Keith Thomas, *Man and the Natural World: Changing Attitudes in England 1500–1800* (London: Allen Lane, 1983), pp. 109–10.

28 Robert Darnton, *The Great Cat Massacre and Other Episodes in French Cultural History* (New York: Basic Books, 2009), p. 96.

29 Van Vechten, *The Tiger in the House*, pp. 74–5.

二、貓為什麼不會努力追求幸福

1 George Santayana, *Three Philosophical Poets: Lucretius, Dante, Goethe* (New York: Doubleday, Anchor Books, 1953), p. 183.

2 Marcus Aurelius, *Meditations*, translated by A. S. L. Farquharson (Oxford: Oxford University Press, 2008), p. 13.

3 Joseph Brodsky, 'Homage to Marcus Aurelius', in Joseph Brodsky, *On Grief and Reason: Essays* (London: Penguin Books, 2011), p. 245.

4 Seneca, *Epistles 66–92*, translated by Richard M. Gummere (Cambridge, MA, and London: Harvard University Press, 2006), pp. 177, 179, 181.

5 Blaise Pascal, *Pensées*, translated with an introduction by A. J. Krailsheimer (London: Penguin Books, 1966), p. 66.

6 Pascal, *Pensées*, pp. 67–8.

7 Pascal, *Pensées*, pp. 39, 41.

8 Michel de Montaigne, ‘On diversion’, in Michel de Montaigne, *The Complete Essays*, translated by M. A. Screech (London: Penguin Books, 2003), p. 941.

9 Montaigne, *Complete Essays*, ‘On affectionate relationships’, pp. 205–19.

10 Pascal, *Pensées*, p. 59.

11 Pascal, *Pensées*, ‘The Memorial’, pp. 309–10.

12 Pascal, *Pensées*, p. 60.

13 Pascal, *Pensées*, p. 44.

14 For Pascal's Wager, see *Pensées*, pp. 149–55.

15 Pascal, *Pensées*, p. 274.

16 Pascal, *Pensées*, p. 95.

17 James Bosell, *Life of Johnson*, edited by R. W. Chapman (Oxford: Oxford University Press, 1980), p. 368.

18 Samuel Johnson, *The History of Rasselas, Prince of Abissinia*, edited by Thomas

Keymer (Oxford: Oxford University Press, 2009), p. 42.

19 Christopher Smart, 'For I will consider my Cat Jeoffry'. Often anthologized and available in *The Sophisticated Cat*, edited by Joyce Carol Oates and Daniel Halpern (London: Pan Books, 1994), pp. 61–4.

20 Johnson, *The History of Rasselas*, p. 93.

三、貓咪倫理學

1 Pascal, *Pensées*, p. 47.

2 見Alasdair MacIntyre, *After Virtue: A Study in Moral Theory*, 3rd edn (London: Bloomsbury Academic, 2007), pp. 27–41.

3 見Bernard Williams, *Ethics and the Limits of Philosophy* (London: Routledge, 2011), Chapter 10, 'Morality, the Peculiar Institution', pp. 193–218.

4 Aristotle, *History of Animals*, translated by D'Arcy Wentworth Thompson (Whitefish, MT: Kessinger Publishers, 2004).

5 關於海豚的美好生活，見Alasdair MacIntyre, *Dependent Rational Animals: Why Human Beings Need the Virtues* (London: Duckworth, 1999), pp. 23–6.

6 見A. C. Graham, *Disputers of the Tao: Philosophical Argument in Ancient China* (La Salle, IL: Open Court, 1989), pp. 13–14, 191–2.

7 關於達爾文未能始終如一地堅持自己認為自然汰擇是一種沒有目標的過程，討論於拙作*Seven Types of Atheism* (London: Penguin Books, 2019), pp. 54–5.

8 見拙作*Straw Dogs: Thoughts on Humans and Other Animals* (London: Granta Books, 2002).

9 Antonio Damasio, *Looking for Spinoza* (London : Vintage Books, 2004), pp. 170–71。關於心／身合一的一項富有啟發性的討論，另見Damasio's *Self Comes to Mind: Constructing the Conscious Brain* (New York, Pantheon Books, 2010).

10 Stuart Hampshire, 'Spinoza and the Idea of Freedom', in *Spinoza: A Collection of Critical Essays*, edited by Marjorie Grene (Garden City, NY: Anchor Press/Doubleday, 1973), pp. 303–4. Reprinted in Stuart Hampshire, *Spinoza and Spinozism*

(Oxford: Clarendon Press, 2005), pp. 182–4.

11 Hampshire, 'Spinoza and the Idea of Freedom', p. 312.

12 見Daniel M. Wegner, *The Illusion of Conscious Will* (London: MIT Press, 2002).

13 Hampshire, *Spinoza and Spinozism*, p. 13.

14 Hampshire, *Spinoza and Spinozism*, p. 13.

15 Benedict Spinoza, *Ethics; and Treatise on the Correction of the Intellect*, translated by Andrew Boyle, revised by, and with an introduction and notes by, G. H. R. Parkinson (London: J. M. Dent, 1993), pp. 172–3.

16 Thomas Hobbes, *Leviathan*, edited with an introduction and notes by J. C. A. Gaskin (Oxford: Oxford University Press, 2008), p. 66.

17 Spinoza, *Ethics; and Treatise on the Correction of the Intellect*, p. 89.

18 Spinoza, *Ethics; and Treatise on the Correction of the Intellect*, p. 183.

19 見Stephen Lukashevich, *Konstantin Leontev (1831–1891): A Study in Russian 'Heroic Vitalism'* (New York: Pageant Press, 1967), Chapter V.

20 我批評過有效利他主義理論，見'How & How Not to Be Good', *New York Review of Books*, 21 May 2015, reprinted as 'How Not to Be Good: Peter Singer on Altruism', in *Gray's Anatomy: Selected Writings*, new edition (London: Penguin Books, 2016), pp. 482–91.

21 Philip Kitcher, *The Ethical Project* (Cambridge, MA: Harvard University Press, 2011), p. 7.

22 Paul Wienpahl, *The Radical Spinoza* (New York: New York University Press, 1979), pp. 89–90.

23 Jon Wetlesen, *The Sage and the Way: Spinoza's Ethics of Freedom* (Assen: Van Gorcum, 1979), p. 317.

24 Atsuko Saito, Kazutaka Shinozuka, Yuki Ito and Toshikazu Hasegawa, 'Domestic cats (*Felis catus*) discriminate their names from other words', *Scientific Reports* 9 (5394), 4 April 2019.

25 關於專注與分心的一項富有啟發性的討論，見Adam Phillips, *Attention Seeking*

(London: Penguin Books, 2019).

26 見Eugen Herrigel, *Zen in the Art of Archery: Training the Mind and Body to Become One*, translated by R. F. C. Hull (London: Penguin Books, 2004).

四、人的愛相對於貓的愛

1 Judith Thurman, *Secrets of the Flesh: A Life of Colette* (London: Bloomsbury, 1999), p. 397.

2 Colette, 'The Cat', in Colette, *Gigi and The Cat*, translated by Roger Senhouse (London: Vintage Books, 2001), p. 108.

3 Colette, 'The Cat', p. 155.

4 Colette, 'The Cat', p. 157.

5 J. R. Ackerley, *My Dog Tulip* (New York: New York Review of Books, 2011).

6 Andrew Wilson, *Beautiful Shadow: A Life of Patricia Highsmith* (London: Bloomsbury, 2003), p. 333.

7 關於貓咪依附情感的若干深刻觀察，見Jeffrey Masson, *The Nine Emotional Lives of Cats: a Journey into the Feline Heart* (London: Vintage, 2003), 53–59.

8 Wilson, *Beautiful Shadow*, pp. 331, 332, 267.

9 Wilson, *Beautiful Shadow*, p. 331.

10 Wilson, *Beautiful Shadow*, p. 331.

11 Wilson, *Beautiful Shadow*, p. 331.

12 Patricia Highsmith, 'Ming's Biggest Prey', in her *The Animal-Lover's Book of Beastly Murder* (London: Penguin Books, 1979), pp. 57–8.

13 Highsmith, 'Ming's Biggest Prey', p. 67.

14 Highsmith, 'Ming's Biggest Prey', p. 68.

15 見Patricia Highsmith, *Zeichnungen* (Zurich: Diogenes, 1995).

16 Germaine Brée, *Marcel Proust and Deliverance from Time* (London: Chatto and Windus, 1956), pp. 99–100.

17 Junichir Tanizaki, *In Praise of Shadows*, translated by Thomas J. Harper and

Edward G. Seidensticker (London: Vintage Books, 2001), p. 46.

18 Tanizaki, *In Praise of Shadows*, p. 20.

19 Tanizaki, *In Praise of Shadows*, p. 20.

20 Junichir　Tanizaki, *A Cat, a Man, and Two Women*, translated by Paul McCarthy (London: Daunt Books, 2017), pp. 4–5.

21 Tanizaki, *A Cat, a Man, and Two Women*, pp. 103–4.

22 Tanizaki, *A Cat, a Man, and Two Women*, p. 120.

23 蓋茨基爾的回憶錄最早於二〇〇九年刊登於*Granta*雜誌第一〇七期，後來又再版於她的散文集*Somebody with a Little Hammer* (New York: Vintage Books, 2018), pp. 131–79.

24 見Parul Sehgal, 'Mary Gaitskill and the Life Unseen', *The New York Times*, 2 November 2015.

25 Mary Gaitskill, *This is Pleasure* (London: Serpent's Tail, 2019).

26 Gaitskill, 'Lost Cat: A Memoir', in *Somebody with a Little Hammer*, p. 134.

27 Gaitskill, 'Lost Cat', p. 131.
28 Gaitskill, 'Lost Cat', p. 135.
29 Gaitskill, 'Lost Cat', pp. 135–6.
30 Gaitskill, 'Lost Cat', pp. 136–7.
31 Gaitskill, 'Lost Cat', p. 137.
32 Gaitskill, 'Lost Cat', p. 138.
33 Gaitskill, 'Lost Cat', p. 137.
34 Gaitskill, 'Lost Cat', p. 138.
35 Gaitskill, 'Lost Cat', p. 146.
36 Gaitskill, 'Lost Cat', pp. 149–51.
37 Gaitskill, 'Lost Cat', p. 151.
38 Gaitskill, 'Lost Cat', p. 154.
39 Giatskill, 'Lost Cat', p. 173.
40 Gaitskill, 'Lost Cat', p. 171.

41 Gaitskill, 'Lost Cat', p. 158.

42 Gaitskill, 'Lost Cat', pp. 162–3.

43 Gaitskill, 'Lost Cat', p. 179.

44 Mary Gaitskill, 'Victims and Losers: A Love Story', in *Somebody with a Little Hammer*, p. 82.

五、時間、死亡，以及貓的靈魂

1 Nicolas Berdyaev, *Self-Knowledge: An Essay in Autobiography*, translated by Katharine Lampert (San Rafael, CA: Semantron Press, 2009), pp. 319–20, 323.

2 關於列寧將俄國知識分子遣送出境的一份生動記述，見Lesley Chamberlain, *The Philosophy Steamer: Lenin and the Exile of the Intelligentsia* (London, Atlantic Books, 2006).

3 Berdyaev, *Self-Knowledge*, pp. 291–2.

4 Doris Lessing, *On Cats* (London: HarperCollins, 2008), pp. 86–7.

5 Lessing, *On Cats*, pp. 97–8.

6 Felipe Fernández-Armesto, *Out of Our Minds: What We Think and How We Came to Think It* (London: Oneworld Publications, 2019), pp. 35–7.

7 金恩與貝克爾的長篇談話後來刊登為‘The heroics of everyday life: a theorist of death confronts his own end’, *Psychology Today*, April 1974.

8 Ernest Becker, *The Denial of Death* (London: Souvenir Press, 2011, reprinted 2018), p. 199.

9 Becker, *The Denial of Death*, p. 201.

10 Ernest Becker, *Escape from Evil* (New York: The Free Press, 1975), pp. 113–14.

11 關於布爾什維克主義是一項永生意識形態，見拙作*The Immortalization Commission: The Strange Quest to Cheat Death* (London: Penguin Books, 2012).

12 見Gray, *The Immortalization Commission*, pp. 213–16.

13 我討論過佛教對於永生的追尋，見*Straw Dogs: Thoughts on Humans and Other Animals* (London, Granta Books, 2002), pp. 129–30.

14 'Tess's Lament', in *Thomas Hardy: Selected Poetry*, edited with an introduction and notes by Samuel Hynes (Oxford: Oxford University Press, 1996), p. 40.

15 Ludwig Wittgenstein, *Tractatus Logico-Philosophicus*, translated by C. K. Ogden, with an introduction by Bertrand Russell (New York: Dover Publications, 1999), section 6.4311, p. 106.

16 Jaromir Malek, *The Cat in Ancient Egypt* (London: British Museum Press, 2017), pp. 75–6.

17 John Romer, *A History of Ancient Egypt from the First Farmers to the Great Pyramid* (London: Penguin Books, 2013), p. xix.

18 Malek, *The Cat in Ancient Egypt*, p. 55.

19 Malek, *The Cat in Ancient Egypt*, p. 51.

20 Malek, *The Cat in Ancient Egypt*, p. 89.

21 Malek, *The Cat in Ancient Egypt*, pp. 75, 100.

六、貓與生命意義

1 Blaise Pascal, *Pensées*, translated with an introduction by A. J. Krailsheimer (London, Penguin Books, 1966), p. 61.

春山之巔 O15
貓哲學：貓與生命意義
Feline Philosophy: Cats and the Meaning of Life

作　　者　約翰．葛雷 John Gray
譯　　者　陳信宏
總 編 輯　莊瑞琳
責任編輯　吳崢鴻
行銷企畫　甘彩蓉
封面插畫　徐至宏
封面設計　陳永忻
內文排版　藍天圖物宣字社
出　　版　春山出版有限公司
　　　　　地址：11670 臺北市文山區羅斯福路六段297號10樓
　　　　　電話：02-29318171
　　　　　傳真：02-86638233
總 經 銷　時報文化出版企業股份有限公司
　　　　　地址：33343桃園市龜山區萬壽路二段351號
　　　　　電話：02-23066842
製　　版　瑞豐電腦製版印刷股份有限公司
印　　刷　搖籃本文化事業有限公司
法律顧問　鵬耀法律事務所戴智權律師
初版一刷　2022年5月
初版四刷　2023年9月
定　　價　新臺幣360元

填寫本書線上回函

Email　SpringHillPublishing@gmail.com
Facebook　www.facebook.com/springhillpublishing/

國家圖書館出版品預行編目資料

貓哲學：貓與生命意義/約翰．葛雷（John Gray）著；陳信宏譯. -- 初版. -- 臺北市：春山出版有限公司, 2022.05
面；　公分. --（春山之巔；15）
譯自：Feline philosophy : cats and the meaning of life
ISBN 978-626-95991-3-4（平裝）

1.CST：貓　2.CST：動物行為　3.CST：人生哲學

191.9　　111005956